勇敢發聲

揭發日本自衛隊性暴力黑幕的戰鬥紀實

作者—五之井里奈
採訪／共同作者—岩下明日香
譯者—顏雪雪

目錄

她多次遭受打擊，

也幾乎要被自己打敗，

但最終從那樣的境地裡站了起來。

這是五之井里奈的記錄。

序章

從海濱吹來濕潤的潮水香氣，事情就發生在那樣的一個秋季裡。二〇一九年，剛從大學退學的我，回到了獨自生活在宮城縣東松島市老家的母親身邊，並告訴她：

「我要加入自衛隊。」

「怎麼這麼突然！」

母親驚喜地睜大了眼睛。由於東松島有航空自衛隊的基地，所以自衛隊的存在對我們來說非常熟悉。母親立即聯絡了她認識的自衛隊宣傳官，那位熱心的宣傳官詳細為我說明有關自衛隊的種類和入伍方法。

我決定以成為陸上自衛隊的「自衛官候補生」為目標。陸上自衛官採任期制，在完成一年九個月（部分技術類型為兩年九個月）的任期後，可以選擇繼續服役兩年，或升學，或就職於民間企業。每完成一個任期，便會獲得一筆特例退職金（滿期金），所以有些人會為了存升學費用而選擇服役。另一方面，沒有任期限制的自衛官稱為「一般曹候補生」，他們的晉升速度比任期制的自衛官候補生快。

我選擇任期制的原因很簡單，因為我覺得自衛官候補生比較容易考上。此外，在期滿後可以考慮是否繼續服役這點也很重要，我也想看看自己是否能長期從事這種需要體力的工作。

要成為自衛官候補生，首先需要通過筆試、口試、適性測驗和體檢。我對自己的體能很有信心，問題在於筆試。筆試包括國文、數學、地理歷史、公民及作文，於是我去書店，嘗試買了一本《自衛官候補生》的教科書來看。

還真難啊……。我在學校的成績一直不好，初中時的國文考試最高也只考了五十五分，與我的姓「五之井」的「五」排在一起湊成了一對。其他科目的成績更差。從小我的夢想是成為奧運選手，所以一直埋頭練習柔道，我的學業成績不佳，但總能靠著柔道成績補上。

因為不知道學習方法，我決定先試著背誦。但我總是犯睏，無法將知識記到腦袋裡，所以我放棄了考試科目，把希望寄託在作文上。我作文寫得滿滿的，寫出我「想要支援災害事故」和「想要上體育學校參加奧運」等心聲。至於科目考試，我則抱著「隨便選一個吧」的心態，憑感覺把選擇題答案塗在答案卡上。

這種情況下只能聽天由命了。我沒有抱太大希望，全憑運氣，結果竟然合格了。因為我差點就要放棄，所以感到非常開心。為了慶祝合格，母親帶我去一家全國連鎖的吃到飽餐廳，吃我最愛的燒肉。正值成長期的我，一個人就吃光了五人份的肉和五碗飯，把吃到飽的費用都吃回本了。

二〇二〇年三月二十九日，我作為陸上自衛隊的自衛官候補生，加入了第一一九教育大隊。前半年是訓練期，包括前期教育（自衛官候補生訓練三個月）和後期教育（專技訓練約八到十三週）。在前期教育中，男女生是分開訓練的，我在宮城縣的多賀城駐屯地接受了前期教育。

女生們去要剪成短髮，耳朵露出來。我原本剪了個側面剃短的二分區髮型，後來才知道這種髮型是禁止的。我行李只帶了一個大背包和一個斜背包，裡面裝了T恤、運動服和運動鞋等等。雖然不能帶筆電或平板等電子設備，但可以帶智慧型手機進去，非勤務時間可以使用。

三月三十日，我抵達多賀城駐屯地後，被分配到一個班級裡。在那裡，宣布了每個班級的組成：一名班長、一名班輔（照顧新兵的自衛官前輩）和十名新兵。但我的班有一個人改去上警察學校，所以新兵剩下九人。班長是一個走在路上絕對會讓經過的男性隊員回頭看的女生，她來自青森縣，所以說話有口音，會把「我」講成「窩」。班輔以前是一位游泳運動員，她的眼睛很可愛，睫毛彎彎的，就像有燙睫毛一樣，她還有著如相撲選手般的氣勢。

新兵被分成兩個房間，我被分到五人房裡，我的同期隊員都非常有個性。第一位成員是「小小」，她的身高非常矮。自衛隊對身高的要求是男性要一五〇公分以上，女性至少要一四〇公分，然而小小的身高看起來勉勉強強只有一四〇公分，提行李時總是很重的樣子。第二位是「春醬」，她的個子也很嬌小，但一直在練少林寺拳法。第三位是「辣妹」，她是典型的女生，總是活潑可愛，直率地表達自己的想法，辣妹和我經常聊戀愛話題，聊得很開心。第四位是三十歲左右、年紀最大的「社長」。由於二〇一八年自衛隊的招募年齡從二十六歲以下提高到三十二歲以下，所以我們同期有年齡差距大至十歲的人也不稀奇。社長的思維和行動都與二十幾歲的人有代溝，她個性認真，有時候無法理解我們的玩笑。

接著介紹一下住在隔壁房的同期隊員。第五位是「吃貨」，她討厭麻煩，是一位避免與他人起衝突的和平主義者，食欲非常旺盛。第六位「Nari」，她曾經是排球運動員，和班長一樣來自青森縣，會稱呼自己為「窩」。Nari留著眉上齊瀏海的髮型，長得很像ＮＨＫ電視節目中的角色「Chico」。第七位是「湯米」，性格迷迷糊糊，非常喜歡談戀愛話題，常常在講自己喜歡的人的事。第八位是「散兵」，她講話做事都很隨性，據說她偷偷去打了耳洞，戴著透明耳針想要蒙混過關，但很快被班長發現並遭訓斥。

第九個就是頂著二分區髮型，腦中只有柔道的我。我非常喜歡搞笑，經常表演餘興節目讓大家笑，我太有活力，嗓門很大，所以同房的隊友可能也覺得我很吵。

我們這一組成員一起度過了三個月的時光。班長在四月五日的入伍儀式上說：

「一心一德。大家要團結一心，切磋琢磨，努力加油！」

隔天早上六點，「叭、叭啦砰　叭叭叭砰」的起床號聲響徹駐屯地，即使是週末也有起床號，所以難得的假日也會因為這個號聲而感到鬱悶。號聲還有分正午的「用餐號」和晚上十一點的「熄燈號」，每個號聲的旋律都不同。有些駐屯地的號聲是播放錄音，有些則是現場演奏，有的演奏者技術高超，有的則技術超差。

剛開始我睡不著覺。在加入自衛隊之前，母親為了鼓勵我努力練習柔道，特地買了運動員專用的床墊給我睡，所以自衛隊的床對我來說太硬了，睡得很不舒服。

早上起床後，我們要立刻整理床鋪，要像飯店一樣整整齊齊。我們將土黃色的毛毯每層都厚度均勻地折疊起來，如同做甜點年輪蛋糕一般。如果折法錯誤或形狀稍有不整，就會引來班長的厲聲斥責。

如果房間沒有整理好，班長就會掀起「颱風」，即使只有一個人沒整理好，班長也會像風暴刮來故意把整個房間弄亂。當性格扭曲的班長發動「颱風」時，我們好不容易疊好的毛毯和迷彩服就會被扔到地上，甚至連柔軟精都翻倒在地。

我們的班長還會用膠帶在房間的牆上貼出「蛤？少瞧不起自衛隊！」這樣的文字。這個膠帶創作太過巨大和突兀，我和同期隊員都笑了出來，這是班長對我們的愛護之心。

週末是休息時間，可以「外出」到駐地外面，然而獲得許可並不容易，採連帶責任制。一張外出申請表上會列出班上所有成員的名字，每個人都要在上面蓋章，如果印章稍有缺角或偏移，申請就會被駁回。也就是說，只要有一個人出錯，全班都不能外出。我們的班長很體貼，準備了好幾張備用申請表，其他班最多只能拿到兩張，因此有些班會因為失誤而無法外出。能光明正大外出的日子，班長也和我們一起去了多賀城的購物中心，還拍了團體照。結果證明，自衛隊即便在外也喜歡集體行動。

班長很溫和，但也很嚴厲。房間沒有整理好，班長就會罰我們全員維持雙手伸直，做伏地挺身的姿勢。最年長的社長也照做了，但幾十分鐘後，社長似乎體力不支，大喊：「我到極限了！」於是班長讓她改做雙膝像深蹲一樣彎曲，但雙手還是伸直的伏地挺身姿勢。這個翹屁股姿勢看起來很奇怪，讓我忍不住噴笑出來。

「你在笑什麼！」班長怒吼道。

最後，我們被罰維持伏地挺身姿勢兩個小時，雙肩處都瘀血了。隔天，同期的隊友大家都發燒臥床。

在訓練中，我第一次摸到槍。我並不擅長槍的分解和組裝，我們必須迅速將槍拆解並重新組裝成原樣，但我總是因為緊張而讓零件掉到地上，教官因此非常生氣。我總是比別人慢，甚至有花上十五分鐘的紀錄，但在隊員和班長多次指導下，我最終將時間縮短至四分鐘。

班長說：「要對自己的槍有愛，給它取個綽號吧。」

「福太郎」——這是我給槍取的綽號。

當我架起「福太郎」時，身上的裝備比槍還重，要維持射擊姿勢並瞄準目標實在很困難。幸好我練過柔道，所以能承受射擊時的衝擊力道，但也因為這個衝擊力道會使得瞄準偏移，如何迅速地再次對準目標，這過程需要大量的訓練。

每次射擊結束，我們都要進行槍枝保養。回到宿舍後，我會把「福太郎」拆解，擦去槍管內的煤灰，塗上油以防生鏽。班長會來檢查，她會用棉棒擦拭煤灰易附著的部位，只要發現髒汙就會叫人「重清一遍」。這個過程會反覆多次，很難一次通過，我想射擊訓練中最困難的就屬槍枝保養了。

接觸槍枝已經是一種全新的體驗，但瓦斯體驗訓練的痛苦更具衝擊性。首先，我們要戴上防護面罩，和同期的九人、班長以及班輔肩並肩，低頭走進充滿催淚瓦斯的帳篷裡。

帳篷內的白色煙霧讓視線模糊，但由於防護面罩的保護，我們沒什麼不適感。幾分鐘後，班長下達了命令：

「摘掉面罩！」

大家紛紛摘下防護面罩，在那一瞬間眼睛變得無法睜開。煙霧刺痛得讓人覺得眼睛彷彿要燒焦壞死，淚水和鼻涕不斷淌出，喉嚨深處有灼燒般的痛感，呼吸變得困難，幾乎無法喘氣。

在這地獄中，如果不大聲歌唱就不能離開。我們區隊在進入帳篷前，就已反覆練習合唱Sambomaster的《必須做那些看似不可能的事》，藉以應對這次訓練。

「預備——唱！」

「不要放棄，無論何時……咳咳！」

「好痛啊！」

「不行了！」

大家鼻涕直流，痛苦呻吟。班長則大喊道：

「不夠大聲！重來！」

第二首歌是《麵包超人》的片頭曲，《麵包超人進行曲》。

「是啊，真令人開心，活著的喜悅～」

「還不夠——！」班長像鬼一樣。

第三首歌是兒歌《青蛙的合唱》，大家拚命地「呱呱呱」嘶吼。

「好了！出去！」

班長一聲令下，我們走出帳篷，大家都安全生還了。我們大概在帳篷裡待了十分鐘左右，出來後，臉上仍然有燒傷般的刺痛感。大家都想揉眼睛，但又怕把瓦斯揉進眼睛裡，於是每個人都皺著臉，表情歪斜得像隻鬥牛犬。我們就頂著這鬥牛犬般的表情，拍了紀念照，然後用洗臉盆裡事先準備好的水洗臉。

和同期隊員一起克服嚴酷的訓練後，大家的羈絆更加深厚了。催淚瓦斯不會影響健康，但會讓人出奇痛苦，在這種情況下全力唱歌是一次無比珍貴的體驗，人生應該不會再經歷第二次了。最重要的是，我實際體會到防護面罩是最強的裝備。

新隊員在入伍大約一個月後，會有一次「十公里行進」的訓練，大家要穿戴十公斤的裝備行進十公里。大約兩個月後，還有一次「二十五公里行進」的訓練，穿戴十公斤的裝備行進二十五公里。「二十五公里行進」也算是前期教育的總驗收，在驗收前一天，個子嬌小的小小因為一些小事和大家冷戰，最後發展成爭吵。

過了晚上十一點的熄燈時間後，小小說：「我不幹了。」「明天的二十五公里行進我也不要參加。」吃驚的辣妹怒吼道：「好啊！那你行李收收滾回家去！」小小說：「我要回去。」然後又丟出一句：「我再也不想和妳們一起努力了。」明明大家一起克服這麼多嚴格的訓練才走到這裡，結果她卻想放棄，這讓我也很焦躁，於是我也加入了這場互相扭打成一團的吵架裡。

「妳們在幹什麼！」班長來到房間，把大家狠狠罵了一頓。

隔天早上，迎來了「二十五公里行進」，最後我們互相道歉，大家一起行進。當時受新冠病毒影響，我們無法行進到駐屯地外面，如果在外面，景色會變換，或許就能體驗到抵達目的地的喜悅，但我們只是一個勁地在駐地內不斷繞圈，在一種「虛無」的境界中行進。

就這樣，我們全員順利通過前期的基礎訓練考試。其他班有人在途中退出，人數有所減少，但我們班沒有一人退出，克服了前期教育。大家的成長環境和價值觀都不同，所以很難團結，剛開始的時候，我總感覺教育訓練的時間很漫長，很希望快點結束。但是，當三個月過去後，與隊友的別離變得寂寞傷感。不知不覺中，同期隊友成了曾經正面衝突過，但也一起歡笑過、一起流汗過，擦乾彼此眼淚的家人。

班長在教育訓練結束時，在我的日誌上寫道：

「如果妳遇到一個人無法克服的障礙，正是在這種時候，記得充分運用在這裡建立的深厚情誼。希望妳能多多依賴大家，千萬不要覺得自己是孤單一人。即使我們分離，大家也會一直互相扶持，克服一切困難。」

之後我一直有與班長保持聯絡。大約一年後，當我真的遇到「無法克服的障礙」時，是班長站在我這邊，支持我。

但在此時，我仍充滿使命感和希望，想成為一位出色的自衛官。我還有去自衛隊體育學校繼續柔道的夢想，所以我和班長約定：「我一定會變得更強，請來看我比賽。」隊友也為我加油。

然而，隨後發生了一件一百八十度改變我人生的事，如同遭逢意外事故般讓我陷入了絕望中。

第一章　堅強活下去

最後的告別

我想將時光倒流。要講述我和自衛隊的緣分，必須從我的成長經歷開始說起。

一九九九年九月二十九日，晚上九點左右，我在宮城縣河南町（現為石卷市）的一家醫院出生。據母親說，她在懷孕第三十六週時，突然感受不到胎動，去醫院檢查後，醫生決定進行緊急剖腹產手術，那時比預產期早了大約一個月。當母親躺在推床上被送往手術室時，陣痛突然襲來，我竟然自然出生了。然而，我沒有發出哭聲。

醫生和護理師顯得非常慌亂。母親看到後感到不安，於是詢問道：「發生什麼事？」但她沒有立刻得到答案。母親之前已經生了兩個哥哥，所以她知道，在正常情況下嬰兒出生後身體會被清洗乾淨，然後立即抱給媽媽。但我卻被戴上氧氣面罩，幾乎一動也不動。

醫生告知：「情況十分緊急，暫時無法讓妳們見面。」剛出生的我就被救護車送往仙台市的紅十字醫院。當我被送上救護車時，一名護理師說：「請進行最後的告別。」

「什麼？最後的告別……。」

母親請求說：「我想跟救護車一起去。」但在剛生產完的情況下，她不被允許陪同，她能做的只有不停雙手合十祈禱。

我被送到仙台紅十字醫院的ＩＣＵ（加護病房），最終保住了一命。父親每隔一天，就從東松島的家裡送冷凍母乳到仙台，二十天後我出院了。但就在數個月後，當父親和我一起睡覺時，他注意到我的身體左側異常，正在逐漸發冷，父親帶我去仙台的大學醫院檢查，發現我的血管非常細，於是再次住院約三個月，據說在出院後的一小段時間裡，我還是每個月都要去一次醫院。母親說，我出生時的前瀏海像丘比娃娃一樣有金色的挑染，而我的名字「里奈」取自故里的「里」和母親喜歡的奈良的「奈」，包含她希望我愛護故鄉的意思。

之後，我健康長大，但這次病魔卻襲擊了母親。在我四歲上幼稚園時，母親用認真的眼神對小孩們說：「我得了癌症，不知道什麼時候會死。即使媽媽不在了，你們也要堅強地活下去。」

母親的子宮和腎臟都發現了癌細胞。

原本母親在生完大哥，懷上第二個孩子時，在懷孕第三個月因出血去醫院，發現子宮內有「葡萄胎」的異常現象。醫生診斷說，如果不立即治療，癌細胞增生的機率會變得很高，母親不得已在懷孕期間接受了化療。在治療的同時，第二個孩子就流產了。之後，母親順利生下二哥和我，但過了一段時間，癌細胞卻轉移到左側腎上腺，後來進行了摘除手術。母親曾長期住院，所以必須時刻留心癌症復發的可能性。

經歷了這些事，母親決定透過武術來教導孩子們如何「堅強地活著」。她牽著我們去參觀劍道、空手道和柔道教室。哥哥們覺得柔道不錯，便先開始學習。看著他們的樣子，我也想要學習柔道，於是決定開始練習。母親曾說女孩子學鋼琴也不錯，但我堅持認為自己必須堅強地生活，所以選擇了柔道。

那一天的事

五之井一家，住在宮城縣東松島市大曲的一棟獨棟房子裡。東松島和松島常常被人搞混，松島是觀光勝地，海鮮丼非常美味；東松島市是平坦的鄉村，只有沙灘和農田。此外，這裡還有航空自衛隊的松島基地。對我來說，這個基地是很熟悉的存在，小時候，我曾經和父親一起參加基地開放的活動，還坐了直升機。

當時，我就讀於離家步行約五分鐘的東松島市立大曲小學，在上課時，我常假裝在看教科書，實際上卻在遠眺窗外。「藍色衝擊波飛行表演隊」經常在操場上空進行飛行訓練，伴隨轟隆的聲響，拉出飛機雲。有一次，藍色衝擊波的五架飛機並排飛行，畫出了心形的飛機雲，那時我壓抑著興奮的聲音，指著窗外告訴大家：「快看！」他們還畫了其他不同圖案的飛機雲。

在我小學低年級時，我們家來了一隻棕色的公貴賓犬，我們給牠取名叫「茶茶」。不久後，我在寵物店外的籠子裡發現一隻毛茸茸像白棉花般，圓滾滾的比熊犬正在出售。由於過了幼犬期，牠被貼上了打折促銷的標籤。我無法坐視不理，決定將牠帶回家。我們給這隻狗取名為「小愛」，希望能給牠充滿愛的生活。

每當我放學回家，這兩隻狗總會衝到玄關，邊搖尾巴，邊飛撲過來。

小愛是隻性格非常好的母犬，牠和茶茶生了兩次小狗。小狗們都順利找到新的飼主，被分別領養。其實，我很想在家裡飼養這些小狗，但父母不同意，我也曾為此鬧過彆扭。不過後來我長大些才明白，這是最好的選擇。

五之井家是由五個家人和兩隻狗在同一屋簷下生活的平凡家庭。

父親是在垃圾處理機關工作的市政職員。他總是很早起床，回到家時，身上總帶著廚餘的氣味。他對工作有很強的責任感，每當有需要處理動物屍體的工作出現，父親都會立刻趕赴現場。即使是在家中與全家人一起用餐的時刻，他也不會錯過任何一通打來的電話，他接完後會說：「我去處理屍體」，然後就離開家門。回到家後，他會告訴我們「今天是狸貓」等等。每當我向這樣的父親撒嬌說「我肚子餓了」，他就會做出散發黃金光芒的甜口玉子燒給我吃。

父親明明從未學過柔道，但為了孩子們，他也開始一起學習柔道，並很快就取得了黑帶，或許是因為他日常從事體力勞動，所以很有天份。不僅如此，他甚至還把家裡的榻榻米房間改造成柔道場，為孩子們提供專業的柔道訓練環境。起初，我們在當地的體育少年團學柔道，後來變成父親每次都得開車來回兩個小時，接送我們去仙台的道場訓練。

而後，在我小學五年級（十一歲）時，那一天來了。五之井家被捲入其中，家人和家一起被摧毀了。

二〇一一年三月九日，十一時四十五分左右，震央三陸近海發生了一次最大震度為五級弱，地震規模為七．三的大地震。東松島市的震度為四級，但鄰近的美里町震度為五級弱，所以我體感上覺得比起四級，搖晃的劇烈程度更接近五級。當時我正在學校教室上課，所以馬上按照避難訓練的指示，躲到了桌子下方，這次地震很快就平息了。

這天由於地震的影響，政府發佈了海嘯警報。回家後，家人們討論著是否要把放在一樓客廳的狗籠搬到二樓，但結果當天沒有發生大海嘯，所以狗籠就這樣留在了一樓。

三月十日上午，上課時我看著窗外，突然看到天空就像急速地被黑雲覆蓋了一樣，有一群鳥正集體飛過，那是一大群烏鴉。班上的孩子們也都驚呆了，目不轉睛地看著這異常的景象。我回家後告訴母親，她也目擊了這一幕，她說：「烏鴉的遷徙是地震的前兆。」這聽起來像是常見的迷信。確實，昨天發生了一次大地震，但我並沒有想到真的會再來一次。

三月十一日，下午二點四十六分左右，震央三陸近海發生了最大震度七級，地震規模達到九．〇的大地震，東松島市的震度達到六級強。

雖然是三月，但那天罕見地下著大雪。我像往常一樣，正在大曲小學上課，當時正值下午的體育課，我們在體育館裡踢五人制足球。突然間，地面開始劇烈搖晃。

同學驚叫著：「啊——！」地震混亂地上下和左右搖晃，但很快變成橫向的大幅度搖晃，讓我們無法站穩，和兩天前的地震不同，這次的搖晃感覺特別漫長。

「砰！」的一聲，體育館天花板上的鐵製燈罩掉落在地上，有人被砸中了。女班導站在體育館出入口附近，一邊按住門不讓它關上，一邊指示我們學生趕快移動並靠在體育館的角落。大家都躲到角落裡，彎著身子朝老師所在的出入口附近集合。搖晃持續了很長的時間，有些同學開始哭泣，老師安慰道：「沒事的，不用怕。」

搖晃停止後，我們從體育館移動到校園操場。按照兒童接引的訓練流程，有些學生和來接他們的家長一起離開了學校。

大約在地震發生後的十五分鐘左右，附近的叔叔匆忙跑來，告訴老師們：「海嘯要來了，趕快往上逃！」在操場上聚集的所有學生都迅速爬到校舍的二、三樓，附近的人們也披著白色的垃圾袋當作雨衣，跑到校舍避難。

我從二樓教室的窗戶望向海邊，大約十分鐘後，我看到遠處出現一道黑色的海浪，那浪潮緩緩地向我們這邊移動，但就在我這樣想的轉瞬間，海浪就迅速抵達學校，把操場上的足球門吞沒並沖走。一樓淹到接近天花板的高度。

該怎麼辦……狗還在家的一樓，我得去救牠們。

從學校到家裡大約只有五分鐘的路程，如果我在海嘯來之前全力衝刺回家，或許能給茶茶和小愛繫上牽繩，再跑回學校。

這時，有個從家附近來避難的人看到我，急忙跑過來說：「對不起，我聽到了狗叫聲，想去救牠們，但門打不開，沒能救出來。」

我幾乎要被不安壓垮，那位鄰居緊緊抱住了我。

「即便如此，牠們一定能逃出來的。」我如此相信。

海嘯來了不只一次。第一次海嘯淹沒了學校一樓後，在短時間內水位有所下降，但當海嘯再度來襲時，水位再次上升。

當時留在學校的學生，每人分到了一口水和一小塊餅乾，以此撐過了那天。我們把教室的窗簾拆下來，大家擠在一起，用窗簾當被子裹住身體，因為我們是直接睡在地板上，身體很痛。

隔天，三月十二日，水已經退去。外面是瓦礫遍地的世界，黑灰色的泥濘幾乎掩埋了一切，操場上，足球門被一艘漂來的船取代了。

我非常擔心我的狗，於是決定回家看看情況，一位同學的爺爺擔心我的安危，陪我一起回去。外面飄著雪，地面泥濘不堪，到處都是瓦礫，我們小心翼翼走著，以免受傷。許多被海嘯捲走的汽車深埋在泥中，甚至有的車翻倒在地，被壓得扁平，到處散落著大量倒塌房屋的木片和雜物。

我們到達曾經是我家的地方。房子稍微位移，並且傾斜了，一樓的部分被水淹沒，我探頭張望狗所在的客廳，只看到茶茶和小愛還在籠子裡，牠們的身體已經僵硬且冰冷。

面對眼前去世的愛犬，我不知所措，站在那裡愣了好一會。我責怪自己沒有行動，明明可能救得了牠們。我也不知道家人是否平安，家裡沒有他們回來過的跡象。就這樣，我邊哭邊返回學校。

學校已經斷水，馬桶無法沖水，只能上在大家的排泄物上解決生理需求，校舍內瀰漫著排泄物和汽油的混合氣味，十分難聞。學生一邊玩著單字接龍分散注意力，一邊等待父母來接。

後來我才得知，三月十一日大地震發生後，一位在操場避難的同班同學，和前來接她的母親一起坐上了車準備回家，但她們在回家途中被海嘯吞沒，那位同學再也沒有回來。她是受大家喜愛、學業優秀，也很會教導同學的女孩，她的母親則倖存下來，後來參加她的葬禮。如果只有地震，災害應該不會這麼嚴重，卻因為海嘯，奪走了無數人的生命。

母親來接我時，已經是發生地震的五天後。當時，母親在隔壁石卷市的「永旺石卷購物中心」打工，地震停止後，母親立即開車趕往學校。在海嘯來襲前，車子的輪胎就已泡在水裡，但她把油門踩到時速兩百公里，勉強讓浸水的車子繼續前進。然而，還沒到學校，她就意外碰上消防隊命令她停下並要求她：「掉頭！」海嘯已波及到離購物中心幾百公尺的地方，幸運的是最後沒有到達那裡。如果當時母親沒有被消防隊員攔住，她可能就會被海嘯捲走，海嘯抵達和沒有抵達的地方，僅毫釐之差。

我與母親重逢後，我們坐上她開的車子前往石卷的永旺。雖然馬路上的泥濘逐漸被推到道路兩旁，但水泥的部分已經處處龜裂，紅綠燈要麼熄滅，要麼消失了，整個城市宛如一座鬼城。

當時「永旺石卷」成為臨時避難所，我在那裡與父親和兩位哥哥平安會合，五之井一家在二樓的美食廣場避難一段時間，我還記得我在洗手間裡久違地洗了頭，感覺十分清爽。永旺免費提供本來是商品的棉被和食物，並規定每個人能有幾分鐘時間給手機充電，確保每個人都能聯絡外界。隨著商場重新營業，受災者在三月下旬各自搬到其他避難所。

與女性自衛官的約定

五之井家回到了東松島，暫居在名為「東松島市社區中心」的公民館裡，有一支來自北海道陸上自衛隊高射特科（砲兵）中隊前來支援，負責炊事和沐浴等工作。我第一次見到穿著迷彩服的女性自衛官，她們保持開朗的態度面對疲憊不堪的災民，並努力鼓勵孩子們。

有三、四名女性自衛官搭起帳篷，並在其中設置簡易洗浴場，她們用雙手提著裝滿熱水的水桶，將熱水運到女性浴場。我對她們說：「我來幫忙。」但女性自衛官以耀眼的笑容回我說：「沒關係！妳慢慢泡！」

雖然我記不清楚是每天還是每隔一天，但在初春依然寒冷的東北災區，能泡到熱水澡，真的讓身心從內到外都溫暖起來。

孩子們也和自衛官舉辦腕力比賽，對自身力氣有信心的我，向那位總是與我打招呼的女性自衛官挑戰，結果輸得徹底，她卻誇獎我說：「妳真的很強呢！」

「因為我學過柔道」，我回答道。那時正處於災後，不清楚什麼時候能回歸正常生活，但那位女性自衛官鼓勵我說：「妳應該要繼續練柔道，加油。」我則害羞地和她約定了下一次比賽：「總有一天要贏過妳。」

在餘震和二次災害等危險中，迅速來到災區，為受困的人們帶頭奔走的背影；為了不讓受災者感到不安和勞累，經常保持笑容，細心對待災民的溫柔。她真的非常帥氣，我也希望有一天能像這位女性自衛官，為了他人而行動。

之後，我也和這位女性自衛官保持聯絡，每逢三一一紀念日，我都會表達我的感謝：「謝謝妳當時的幫助。」從那時建立起的情誼從未斷絕。

男性自衛官也都很友善，有位男性自衛官問我：「妳渴不渴？」隨後他給了我整箱藍色罐裝的能量飲料。拿到時我還不清楚那是什麼飲料，但現在回想起來，那是一罐價格要數百日圓的高級飲料，他們一定是想讓我補充營養，並為我加油打氣。

在公民館避難生活時，我和朋友決定一起去我們原本住的地方探險，我們走了大約三公里後，發現一隻像柴犬的混種狗，牠瘦得連骨頭都凸出來，雖然牠沒有項圈，看起來像隻流浪狗，但牠對人非常親近，像被飼養過，我們猜牠可能是和飼主走散後迷路了。有條丟報紙時用來綑綁的塑膠繩就散落在路旁，於是我們用它當作牽繩，將狗帶回了公民館。

我向避難所的大人諮詢，說我想打電話給動物保護團體，結果得知這隻狗很像住在公民館附近一戶人家所養的狗，經過附近居民確認，確實是那戶人家的狗。我還只是個孩子，也能被人感謝，感到很開心。雖然我家養的兩隻狗，茶茶和小愛，因為海嘯已去了天國，但牠們生的小狗在震災前就找到領養家庭被接走了，在震災後也平安無事生活在各自的家庭。只要有一隻小狗沒找到領養家庭，還留在我家飼養的話，那隻小狗就會死去。一個決定在意想不到中改變了命運。

經過大約三個月的公民館生活後，五之井家搬到了東松島市立矢本第二中學附近的一棟兩層樓公寓，一家人開始重新出發，起初我是這麼想的。

但災後生活的不安，使父母之間的爭吵變得頻繁，父母的關係惡化到互相掌摑的地步。最後，父親搬出了公寓，開始住在臨時安置的住宅裡。

在我小學六年級時，父母離婚了，我和兩個哥哥不得不決定要跟隨爸爸還是媽媽。在我內心深處，其實更想和父親在一起，但兩個哥哥決定要跟隨母親。當時的我因為性格內向，無法表達自己的意願，最終選擇和哥哥們一樣與母親共同生活。其實我不希望他們離婚，他們都是我最珍愛的人。

母親在每次爭吵後，就會把對父親離家的不滿發洩到我身上。

「你跟你爸爸一模一樣！」「去找妳爸爸吧！」

母親對我說的這些話，我聽得耳朵都快聾了。雖然現在回想起來已成為笑話，但曾有一次，我偷懶沒打掃浴室，爭吵再次爆發，母親甚至把我的內褲扔到外面去。在這個牆薄如紙的公寓裡，明明鄰居都還在，年輕女兒的內褲卻被暴露在外面，我覺得這是最惡劣的事，卻還是只能自己去撿回來。

我曾經翹家，逃到父親住的臨時組合屋，並從那裡去上小學。不久後，我又回到母親所在的公寓，但很快又因為吵架再次離家出走。

我們以前在大曲住的獨棟房屋，因為一樓被水淹沒，後來進行改建，改由祖母住在那裡。地震發生前，祖母住在靠近海邊的地方，一聽到海嘯即將來襲的消息時，祖母兩手空空匆忙逃生，雖然人得以保全，但她的房子卻被海嘯摧毀得無影無蹤。在茶茶和小愛去世後，父親將牠們埋在庭院裡的一棵櫻花樹下，一年後的春天，櫻花樹盛開了。雖然震災時一切都被泥濘掩埋，整個世界變成灰色一片，那棵櫻花樹卻好好地活了下來。

上中學後，我們搬到矢本的市營住宅，為了補貼家用，我開始送報紙。不過，由於地震前的家族和狗狗等回憶紀錄，幾乎都被海嘯沖走，我心裡總是想找回過去，於是我用打工存下來的錢買了一隻狗。在購物中心裡的一家寵物店裡，我看見一隻降價的狗，牠有點戽斗，我給牠取名為「最中」，牠是隻雄性貴賓犬，有茶茶和小愛的影子。

有一天，我和母親爆發激烈爭吵。我收拾房間裡的行李，給最中繫上牽繩，騎著自行車全速衝向大曲祖母住的那棟房子，當時父親也從臨時組合屋搬回這裡住，但父親經常外出，幾乎不會回家。正值青春期的我，因為寂寞和憤怒難以原諒他，我賭氣不上學，躺在客廳的暖桌裡睡覺，祖母將這事告訴父親。

結果，總是不在家的父親突然回來。平時性格溫和的他，這次一腳踢翻暖桌，對我怒吼道：「給我適可而止！」

我回嘴道：「吵死了！還不都是因為你的錯！」我當時正處於叛逆期。

如果父親沒離開，我們家本來可以在一起。好不容易在震災中家人們都平安無事，最後還是變得支離破碎，「適可而止」這句話，明明是我的台詞才對。後來母親來接我，但往後翹家時，我沒有再去父親家，而是輾轉在朋友家住。

即便如此，中學時期的我，在配送報紙的日子裡早上五點半就起床，沒有配送的日子則進行跑步訓練，全身心投入到柔道練習中。母親的態度還是老樣子，即使來看我練習，也只會抱怨。但我還是帶著她去參加在愛媛縣和三重縣舉行的全國大賽，我想要報答母親一個女人把我撫養長大的恩情。在全國大賽中我進入前十六名，這個成績讓我得以被縣內有柔道部的高中招募，通過推甄入學。

從矢本的市營住宅到高中，搭電車轉巴士單程需花費一個半小時。起初，我住在高中附近的宿舍裡，但在得知母親被救護車送往醫院後，我決定盡量待在她身邊，所以開始從市營住宅去上學。

剛加入柔道部不久，我就在宮城縣高中柔道新人大賽中奪冠。但是到了高二，我在同學之間的人際關係上遇到困難，雖然我是為了柔道才選擇這所高中，但心理上的脆弱，我變得無法繼續上學。我對這樣的自己感到厭惡，不知道該把憤怒的矛頭指向哪裡，於是我把以前獲得的獎牌、獎座和獎盃全部丟掉。現在回想起來，或許事情沒有嚴重到需要放棄一切，但當時的我真的很脆弱。

我把自己關在家裡一段時間，並辦理退學手續，連柔道我也開始厭倦。

退學後，我進入宮城縣內的一所通信制高中，那附近有家拳擊館，出於好奇，我試著戴上拳擊手套，當我使勁揮拳打在沙袋上，汗水流淌時，我變得非常想要練柔道。

果然，我還是喜歡柔道。

我深切感受到這一點。

重新開始

我想再一次認真投入柔道，透過柔道來磨練自己的身心，改變過去軟弱的自己。

二〇一七年九月底，我轉學到兵庫縣一所擁有柔道部的夜間制高中，決定從高二重新開始。當時，柔道部有三十名成員左右，全部都是男生，一位女生是經理，女性選手只有我一位。

來到兵庫不久後，我感覺到左腳有些異樣，小指與無名指和其他三指相比之下，無法正常彎曲和伸直。經過各種檢查，被診斷為原因不明的末梢神經障礙，決定嘗試使用類固醇治療，然而身體無法適應，只能改為點滴治療，並住院一週。

就在這段期間，縣大賽即將來臨，這是我來到兵庫縣後的第一個比賽，不過我才剛出院，我很猶豫是否應該參賽，但我有曾在宮城縣奪冠的自尊心，所以最終決定參賽。結果，我在第一場比賽，就被一位無名選手用寢技壓制，首輪即被淘汰。

在隨後參加的兵庫縣高中柔道新人大賽中，我一路晉級到決賽，但在決賽輸給了夙川學院高中（現為夙川中學．高中）的選手，獲得亞軍。這讓我體會到兵庫縣柔道水準之高，後來在東京奧運奪得金牌的阿部詩，當時也就讀夙川學院，學校實力十分堅強。

無法跟上強大夙川的腳步，我對自己的實力感到失望，但我不能就這樣結束。

從那天起，我下定決心，全心投入訓練。

十二月，我參加全國高中選手權大賽兵庫縣預選賽，我再次對上了在上回決賽中擊敗我的夙川選手。這次我以過肩摔取勝，成功阻止強大的夙川在女子所有級別中奪冠，拿到六十三公斤級的優勝。

這個冠軍是夜間部學生的歷史性壯舉，還被當地報紙報導。許多人為我感到高興，我也覺得終於能稍微回報一直以來幫助過我的人。

就這樣，二〇一八年三月二十日，我參加了第四十回全國高等學校柔道選手權大賽，站上我憧憬已久的日本武道館。

「我有一個很大的夢想」

懷著「絕對要成為全日本第一」的決心，我挑戰了全國大賽。但就在第二回合，我與神奈川縣的代表桐蔭學園的選手激戰，即便打到延長賽，我還是輸了，這讓我感到非常不甘心。為了在高三的夏天，於全國高中綜合體育大賽中復仇，我比以往更加拚命投入練習。

但就在此時的訓練中，我左膝的韌帶斷裂，受了重傷。為什麼老是這樣？我覺得自己好可悲，感到焦躁無比，淚流不停。為了看醫生，老師和監護人多次接送我去醫院，有時候還會為我準備飯菜，給予我許多幫助。

雖然我沒能以柔道實現日本第一，來回報他們的恩情，但我從這次受傷中學到一件事，那就是感謝之心。在此之前，由於經歷災難、父母離婚和學校生活不順遂等一連串事件，「為什麼不幸總降臨在我身上？」我鬱積著不滿與憤怒，在內心來回激盪。可是，也有人為了實現我的夢想而支持我，正因為我察覺到這點，我覺得這次受傷也並非毫無意義，我明白有些事惟有遇到挫折才能從中學習。

一位老師教導我「人德的行為」這個詞，老師說：「要為社會和他人做好事，積累德行。」如果你一直主動去為他人做好事，就能神奇地將好運吸引到身邊。

當我想著自己能為社會和他人做些什麼時，學校建議我參加一個演講比賽，是讓夜間制和函授制學生分享自身經歷的「生活體驗發表會」。說實話，我一點也不想參加，但不管我的感受如何，參賽手續已經辦妥了。

這段演講讓我覺得很羞恥，現在我想把它當作黑歷史封印起來，但我當時還是努力並大聲進行了以下演說：

如今，我有一個很大的夢想。那場海嘯沖走了一切，也奪走了我許多珍貴的事物，那時的我只能沉浸在悲傷中，但自衛官們溫柔對我說話，鼓勵我，額上充滿汗水，為了我們拚命工作。那強健堅毅的背影，至今仍然清晰烙印在我的腦海中。我希望能像他們一樣，成為受到大家信賴和感謝的出色自衛官。我相信，惟有實現這個夢想，才是對引導我的老師、支持我的許多人最真實的回報。相遇即是寶藏，秉持「一期一會」的座右銘，我將在剩餘的高中生活中，不忘感謝之心，凡事全力以赴。

我將這段演講影片寄給在東日本大震災時，前來提供洗澡支援的那位女性自衛官。我們經常透過訊息聯繫，但這是我們第一次通電話，自震災以來，我睽違七年再度聽到她的聲音。

當時我被山口縣的東亞大學柔道部招募，我告訴那位女性自衛官，我不會馬上入伍，而是想在未來某個時間入伍。

其實，我當時還在猶豫是否要接受大學的邀請，因為在這段時間，我感覺腳部有些麻痺，無法跑步。由於不知道原因，我去醫院做腦部精密檢查，結果發現兩個類似血栓的影子，醫生診斷我可能會有腦梗塞的風險，他面色嚴峻地對我說：

「你不想死吧？如果血栓脫落，你可能會死掉，請不要開車也別再練柔道了。」

被宣告不能繼續練柔道讓我感到很沮喪，但畢竟性命攸關，我也只能接受，於是我和學校老師商量別的出路。

因為我喜歡水果塔，我想當個糕點師或許也不錯，於是我去蛋糕店進行職業體驗，但我依然無法放棄柔道。我開始尋求其他意見，去其他醫院進行二次檢查，結果另外兩位醫生告訴我：「妳沒有問題。」

看來那是很久以前形成的血栓痕跡，不是最近才出現的，應該沒有問題。仔細回想起來，我還是中學生時，曾經在外出訓練時被體格高大的人多次摔倒在地，我記得那時撞到頭，並感到搖晃暈眩，或許這就是原因吧！

二〇一九年四月，我進入東亞大學，加入柔道部，然而沒過多久，當初招募我的柔道部教練就辭職了。教練離開後，柔道部不再嚴格，變得像輕鬆的社團活動，我認為繼續待下去沒有意義，索性在半年後就退學了。

如果要繼續從事柔道，我想加入自衛隊，並以進入自衛隊體育學校為目標，我在那裡可以一邊為國民服務，一邊當運動員接受頂級訓練。

體育學校位於東京的朝霞駐屯地，那裡也出過參加奧運或世界大賽的選手。即使無法成為自衛隊運動員，我也希望能獲得格鬥指導教官的資格，教導新隊員等格鬥技巧，由於很少女性能取得這項資格，我也想挑戰看看。

於是，二〇二〇年春天，我成為自衛官候補生，開始我的新人生。

第二章　異常的日常

前往郡山駐屯地

二〇二〇年六月，身為任期制的陸上自衛隊自衛官候補生，在前期教育即將結束時，我被詢問希望分配到哪個駐屯地，一個人可以提出三個志願。我為了進入自衛隊體育學校，將公認柔道實力很強的福島縣郡山駐屯地列為第一志願，這個選擇成為命運的分岔點。

從七月一日開始的後期教育是男女混合編制，我與前期教育中一起訓練的同期女性隊員分開，分配到郡山駐屯地進行後期教育。在那裡，還會加入原本在其他駐屯地接受訓練的一般曹候補生。

正如前面所說，一般曹候補生的入伍制度，是為了培養出軍曹（士官）級自衛官，因此他們的晉升速度比有任期的自衛官候補生快。一般曹候補生會在領口兩側別上金色的櫻花徽章，因此也被稱為「有徽章的」。

雖然剛結束前期教育的新隊員差別不大，只是有沒有佩戴徽章，但一般曹候補生中已浮現出強烈的精英意識。自衛官候補生之間有大家團隊合作的氛圍，但一般曹候補生中常出現自掃門前雪，著重個人表現的隊員。

不過到了「週末清掃」時，團結心便會萌生。每個星期五晚上大家都要清掃隊舍，必須先除蠟後再重新上蠟，直到地板亮晶晶，如果班長在檢查中指出問題，隔天就得重做一次。大家都不想讓好不容易盼來的星期六被清潔工作毀掉，此時自衛官候補生與一般曹候補生就會不分彼此，齊心協力把地板擦得一塵不染。

有一天，我們從郡山前往岩手縣，觀摩在山裡進行的大砲操作訓練，這是我第一次看到大砲的實際演練過程。

轟！

現場的魄力震耳欲聾，我承受由體內深處傳來的震動，直擊心臟。

媽呀！這是能殺人的威力。

緊張感瞬間升高。操作大砲的野戰特科「砲班」，幾乎沒有女性，因為不僅衝擊力大，裝備也非常沉重。

九月，在後期教育即將結束時，公布了配屬的中隊名單，我被分配到東北方面特科連隊（郡山駐屯地）的野戰特科X大隊Y中隊。

在後期教育中遇到的幾位前輩都曾這樣忠告我：

「這個中隊有很多性騷擾和職權騷擾的情況，要小心。」

儘管他們提醒我「要注意」，但沒有詳細說明這個中隊的氣氛和具體情況。反倒是我申請第一志願郡山駐屯地通過，代表我可以繼續柔道訓練，讓我感到非常高興。

野戰特科是使用大砲火力的戰鬥部隊，我對大砲本身沒興趣，但為了能進入體育學校，我決心要克服艱苦的訓練。那時與其說我感到不安，不如說我更期待能遇到什麼樣的前輩。

因為後期教育就是在郡山駐屯地進行的，我就留在了郡山。

Y中隊全是男性，同期隊員有五人，但女性只有我一人。當時的隊伍裡共有六十九名隊員，其中女性有六人。不過，由於有些女性正在休產假或接受其他部隊的訓練，實際上包括我在內，只剩兩、三名女性。

性騷擾是理所當然的事

九月十八日，我與隊員們首次見面。部隊裡的前輩隊員剛從「山訓」返回，「山」指的是長期駐紮在山中進行演習，所以男性隊員臉上都留著鬍鬚，明顯看得出疲憊的神色。我得在中隊的前輩都疲憊不堪的情況下向他們打招呼，緊張得心臟都快跳出來了。

在中隊打完招呼後，我還要在大隊的眾人面前打招呼。當時，我聽說按照慣例，新人要在自我介紹中表演一項才藝。

為了讓前輩們消除疲勞，我決定模仿搞笑組合FUJIWARA原西孝幸的段子，我還特意擺出相應的姿勢，大聲表演了一番。

「我是來自宮城的五之井里奈，我會全力以赴，請多多指教！我來表演一段：不看、不聽、不說，是母猿！」

大家都笑了，並熱情接納我，我很想早點融入這個新環境，儘管其他人都沒有表演才藝。

分配到隊伍後，我拚命學習工作上的事。但很快我就發現，還沒到中隊時前輩們所給的忠告是真的。

或許是男性隊員較多的緣故，下流的言論不斷在耳邊響起，女性隊員受到性騷擾是理所當然的事，這就是隊上的氛圍。

「五之井，妳滿壯的啊」、「胸部真小啊」等等，每天都會有人拿我和其他女性比較，對我品頭論足，我天天都身處在不舒服的言論中。

某某人對我說了些什麼，這些例子不勝枚舉，但即使周圍有人聽到或看到，卻沒有人站出來制止。

有一天，突然有一名男性隊員伸手摸索我的背，試圖解開我的胸罩釦子。

「什麼嘛！原來是運動內衣啊！」

「穿運動內衣比較舒服。」

我一邊感到困惑，一邊如此回答。然後我安慰自己，這可能只是自衛隊中不習慣與女性相處的溝通方式之一吧！

有時我走在走廊上，經過的男性隊員會拍打我的臀部。如果每次都要說「請你不要這樣」，就會沒完沒了，因為出勤時性騷擾是司空見慣的事。在一般社會，這種身體觸碰不被允許，但在這個中隊，這種行為不僅未被制止，反而到處橫行。

我到底是為了什麼要加入自衛隊呢？

我不是為了遭受這種對待而加入的……。

我一這樣想，就越來越討厭遭受性騷擾的自己。

也有男性隊員以柔道對練為藉口，對我進行身體接觸。

某日，一位階級比我高的男性隊員A三曹（陸軍下士）叫我去吸煙區。我不抽煙，但自衛隊裡階級關係很嚴格，既然前輩叫我，我就不得不去。

在吸煙區裡，A三曹對我說：「來玩柔道吧！」即使他從未練習過柔道，也硬要挑戰我。

「五之井，妳柔道很強吧！來較量一下。」

我無法拒絕，只好與A三曹對決，但我不可能對一個柔道新手全力以赴，A三曹大約一百八十公分高，比我高大，體格也比我壯碩。他試圖用力將我摔倒，使用的是柔道技「內股」和「掃腳」。

如果沒有人投降，這場比賽似乎永遠不會結束，所以我草草放棄。我才剛分配到這裡，對周遭的一切還摸不著頭緒。我別無選擇，只能順應這種氛圍。

從那以後，A三曹經常找我挑戰柔道。而且，這些對練逐漸升級為猥褻的身體接觸。明明應該是摔柔道，但A三曹卻從後面用雙手環抱我的腰，並把我舉起來。他就這麼旋轉我的身體。接著，他將下體貼近我的臀部，擺動他的腰前後磨蹭。這是猥瑣的姿勢，我很希望他停下來，但我沒辦法頂撞階級比我高的人。

入秋後的某天夜裡，我在警衛所的正門附近站哨，站哨結束後我準備返回警衛所時，A三曹和其他隊員也結束站哨回來了。A三曹接近我，什麼話都沒說，就對我用類似柔道「掃腰」的技巧。在我們纏鬥的過程中，他繞到我的身後。

這次他沒有舉起我的腰，但我明顯感覺到他擺動著腰磨蹭我的臀部，並用下體頂住我。在一旁觀看的上司B二曹還歡笑喊著：「上吧——！」類似的行為還發生在警衛所的食堂內，或停滿車輛的維修工廠裡。

後來我才知道，一位女性自衛官目擊到這一幕。

一封信

十一月，在一次訓練跑步時，我注意到左膝發出嘎嘎的聲音，我在高中時期斷裂的韌帶再次撕裂了，醫生告訴我：「韌帶斷裂很久了。」原來韌帶一直沒有完全愈合，我之前還能跑步所以沒有太在意，現在連腳都抬不太起來。

為了再次進行韌帶手術，我回到宮城縣老家，在仙台市的松田醫院住院兩週左右。手術後，當我躺在病床上時，收到一個紙箱，這是當年參加震災支援的女性自衛官寄來的。

打開箱子，裡面裝滿了零食，還有一封信。

給里奈：

我的包裹平安送達了嗎？里奈真的很堅強呢！即使很痛苦，妳還是很努力；即便在部隊裡經歷辛苦的事，妳卻還是笑著，不表現出來，堅強面對。我很高興因為與我相遇，讓妳選擇加入自衛隊。但另一方面，我也感到責任重大，因為這可能大大改變了妳的人生。

在這份工作裡，我經歷許多辛苦和不愉快的事，也做了十年之久。不過，當妳努力完成一項具有責任感的任務時，那種成就感會讓這份工作變得愉快起來。當我們在山裡進行演習時，我們拚盡全力，結束後一起說笑，這類經歷只有從事這個工作的人才能體會到其中的趣味。在做了壞事時不要說謊，自己選擇方向並懷著堅定的信念去努力，不要忘記開朗、珍惜他人，如此一來，即便這份工作有時很辛苦，我想也一定會覺得快樂。另外，就是不要受傷，新隊員時期通常會學習很多新動作，常因不當操勞身體而受傷，比如換輪胎、除草、艱難的持續性間歇跑訓練等等。如果能維持鍛鍊，妳的體力和肌力就能追上男性的最低標準，即使與大家一起作業，妳也不再是〇．五個人，而是可以成為一個完整的工作人員。妳原來的體力就遠遠超過一般人，所以我覺得妳一定會成為一個了不起的人！

寫得有點長了，但我想說的是，我會一直當里奈最大的支持者。現在的復健階段應該是這陣子最辛苦的時候吧？希望妳不要灰心，歸隊後繼續積極努力。如果有什麼需要，不論什麼事都可以隨時聯繫我。

零食我是挑自己喜歡吃的！哈哈。

如果有不吃的，就分給同期的隊員吧！也替我向令堂問好。

我支持你喔！！

這封信讓我感動得胸膛發燙，也讓我回想起震災的情景。我當初就是因為憧憬這位女性自衛官的背影，才想入伍的。我如今終於也成為自衛官。既然有人支持我，即使遇到困難，我也要努力克服。

身為自衛官，我想成為「一個」被認可的傑出隊員，而非「〇・五個」，我也想努力練習柔道，所以我必須認真復健。我重新找回這種積極的心態。

二〇二一年一月中旬，年節過後，我結束手術後的居家療養，回到郡山駐屯地。此時我還穿著保護膝蓋的支架，當我提著行李爬樓梯時，中隊的男性隊員趕過來對我說：「別逞強啊！」並幫我拿行李，真的很貼心。

但下流的言語依然像往常一樣不斷出現。雖然我穿著護膝的期間沒有受到身體上的性騷擾，但卸下支架，回到正常的工作崗位後，騷擾又重新開始了。

護具卸下來沒多久，當我午休走在走廊上時，被C三曹從背後猛然抱住。我嚇了一跳，全身瞬間緊繃僵硬。我什麼話也沒說，只是等著他放手。

我還記得一旁的保險公司女員工看到我們的樣子，臉上露出驚訝的神情。周圍也還有其他女性隊員和男性隊員目睹，依然沒人出面制止。

我真的，已經不知道該怎麼辦了——我內心這樣想著。每天上演的猥褻談話讓我感到困惑，但我還是配合前輩們，裝出違心的笑容並應付過去。

這是理所當然的，這很普通，不能覺得這樣很不正常。我就這樣騙自己活過每一天。或許在此時，我已經對性騷擾感到麻木。

使命的重量

即使要每天忍受例行的性騷擾，但仍然有讓我覺得自衛隊任務本身是有意義的時刻。

二〇二一年二月十三日的夜晚，我人在郡山駐屯地的營地內，當時已過了十一點的熄燈時間，我正準備就寢。

突然間，地板搖晃起來，是地震。十一點零七分，福島縣外海發生震度六級、規模七點三的大地震。

當時我獨自在隊舍的房間裡，一位女性前輩從其他房間走過來。

「妳還好嗎？」

「我沒事。」

「穿上戰鬥服，應該會通知集合。」

我趕緊穿上迷彩服。隊舍外的隊員也陸續聚集過來。那天是星期六，隔天就是情人節。在駐地裡，我們也把「外出」叫做「關出來」，例如我們會說「終於關出來了」或是「正在跟外面世界的人交往」。情人節的週末，隊員們可能會過一個比平常更特別的日子。

但即便如此，自衛官一旦接到召集通知，就算是爬也要爬回來集合。有的隊員是從家庭旅行途中趕回來的，有的則是喝得滿臉通紅、步履蹣跚，由姊姊送回駐地。即便是醉到舌頭打結的前輩隊員，沒辦法立刻變得清醒，也必須強打起精神，準備出動。

我的工作是把暖爐抬到車上。福島縣內有些地區停水，中隊的長官們出動了，而我則在駐地待命。我們有種自己也會出動的緊張感。

原來東日本大震災時，自衛隊也是這樣迅速行動的。

這是我第一次參與災難救援的準備工作，讓我真實感覺到「加入自衛隊真是太好了」，現在輪到我來幫助他人了。

自己或家人居住的地方發生災難時，自衛官也必須放下家人前來集合。我深切感受到肩負使命的重量。

而有為數不多的女性自衛官存在，對我來說意義重大。

只要回到隊舍，我和女性隊員都相處愉快。我們會一起在節分時撒豆、製作手工烏龍麵，還去戶外露營，享受用鐵桶的「五右衛門風呂」。

三月十四日，白色情人節那天，我稱為「五之井日」，我對照顧我的女性隊員懷著感激之情，和留在營內的女性隊員一起從麵團開始製作鯛魚燒。我們用曬衣夾將鯛魚燒吊起來，讓回來的女性隊員每人拿一個來吃，大家都笑得很開心。即使我擔憂復健進度，也討厭在工作中遭受性騷擾，但唯有在和她們一起度過的時刻，我才能忘卻這些不安和厭惡。

我從未在同一中隊的男性隊員面前展現出這樣一面。我將工作和私人生活劃分得非常清楚，在中隊內我總是安安靜靜。

一位男性隊員聽說我在女性隊員的宿舍裡常開玩笑，便對我說：「在中隊裡也做些有趣的事情吧！」但我毫無反應。在工作中承受性騷擾已經夠痛苦了，你說這個，是還想要我逗你們笑，討你們開心嗎？

「變成狼了嗎？」

接下來將描述性加害情節至七十九頁。可能會引發創傷的讀者，請跳過這一段，直接從七十九頁〈摧毀夢想的部隊〉的章節開始閱讀。

六月，同一中隊的女性前輩決定離職。

此時正計畫舉行名為「山訓」的野營演習。對女性前輩來說這是最後一次的山訓。對我來說，則是膝蓋逐漸痊癒後第一次參加山訓。

六月二十三日晚間，山訓場發生一件事情。依慣例，訓練結束後的晚上，各中隊都會舉行宴會。我在天幕，也就是包含兩到三個簡易床位的帳篷裡，負責烹調下酒菜。為飲酒作樂的前輩隊員準備吃食，這是階級最低的新隊員的任務。

事前，前輩們表示「想吃手工炸雞」，所以在進山的前一天，我就把雞肉浸泡在醬汁中，預先備好料。當天我打開瓦斯爐，把油倒進平底鍋，然後把事先準備好的雞肉炸得酥脆，深受前輩們好評。

正在忙碌時，即將退役的女性前輩走進天幕，向大家敬酒致意，然後男性隊員命令她「坐到膝蓋上」，她就被迫坐到男性隊員的腿上。

在我揭發事件後，接受媒體採訪的女性前輩隊員也作證說，這天她也被男性隊員強迫親吻臉頰。

到了熄燈時間，這位女性前輩隊員打算離開帳篷時，上司B二曹對她放話說：「明天是最後一天，所以一定要來，做好心理準備。」這位女性前輩隊員只是勉強笑了笑來掩飾。這句「做好心理準備」，幾乎是宣告更嚴重的性騷擾即將到來。

這天，性騷擾的目標變成這位女前輩隊員，而我沒有被觸碰。

隔天二十四日晚上，和昨天一樣，我為帳篷裡喝酒的前輩隊員準備食物。帳篷裡男性隊員來來去去，多的時候裡面坐了五到六個人，肩並肩擠在一起。

當天，女性前輩隊員沒有出現在帳篷裡。於是，B二曹的視線轉向了我。

「五之井，坐在我腿上。」

「我坐這裡就可以了。」

我坐在一個戶外用的RV桶收納箱上。

「五之井，為什麼穿運動內衣？」

B二曹開始談論起解開胸罩的話題，然後問起我穿什麼內衣，這問題之前也有別的隊員問過。而且，他正坐在我的面前，瞇著眼說道：

「我可以摸妳的胸部嗎？我要確認它是軟的還是硬的。」

我感到很噁心，但我覺得不應該頂撞階級比我高的人。於是B二曹伸出雙手，隔著T恤揉捏我的胸部。他甚至還拿我和其他女性隊員的胸部大小做比較。

「比〇〇上等兵的小。」

這時，另一名男性隊員D三曹走進帳篷。B二曹問D三曹：

「五之井的胸部是軟的還是硬的？」

D三曹就像是得到了「可以碰」的許可，透過T恤揉捏我的胸部。超級惡劣。

更糟的是，坐在旁邊的C三曹突然和我雙手重疊，十指緊扣握住我的手，還抱住我，甚至親吻了我的右臉頰。

我向在另一個帳篷裡，昨晚的女性前輩發送了求救訊息。

「請快點過來。」

「變成狼了嗎？」

「還沒有，請先快點過來。」

「〇〇說如果現在過去可能會很糟。」

「狼」是指男性隊員因醉酒而失去理智的狀態，我覺得如果我回覆「正在變成狼」，女性前輩可能就不會過來幫忙，所以我回覆「還沒有」。然而，當時在場的另一位男性隊員卻向女性前輩發送了「現在過來會很糟糕」的訊息。

結果，女性前輩沒有出現在帳篷內。過了一段時間，她才再次發送消息。

「妳被摸胸了嗎？沒事吧？看來還沒結束。」

「還沒結束。」

「如果我被叫去的話，我會去的，但沒被叫的話，我可能就不會過去。」

「請快點來。」

「我不想主動去賣身，如果他們能早點睡就好了。」

後來，包括我在內，幾個人從帳篷出來時，一位三曹男性隊員在黑暗中用手機的燈光照亮了我，B二曹又一次透過T恤摸了我的胸部。驟然間，我發出了聲音。

「你在做什麼！」

「對不起，對不起。」B二曹笑了起來。

深夜，宴會結束後，我收拾完平底鍋等物品，回到帳篷整理垃圾，C三曹正在向B二曹透露說：「我下體長了東西。」然後C三曹就當著我的面，特意脫下運動褲，抓著我的手隔著內褲摸他的下體。

B二曹則帶著奸笑看著這一幕。

這天，我代替女性前輩隊員，成為目標。

原來所謂的山訓很危險，指的是這種事情啊……。就在進入山區前，與我住同一房間的女性隊員反覆提醒過我：

「山訓裡的性騷擾最嚴重了，要小心。」

「會發生什麼事呢？」

「妳會被強迫坐在腿上、被強吻臉頰或嘴巴、被抱住、被摸胸，甚至有人會露下體給妳看，真的很過分，所以要小心。」

「……真噁心，我會加油的。」

「嗯！加油吧！」

雖然這些忠告帶點玩笑的語氣，但我從來沒想到，這樣的事真的會發生在自己身上。

回到女性隊員專用的帳篷後，我看見那位女性前輩隊員也在，便問道：「前輩，您為什麼沒來呢？」

「我知道會被怎樣，所以沒辦法主動過去。」

我能理解女性前輩隊員的說辭，她昨晚也是目標。如果她真的來了，可能又會成為獵物。我們來這裡是為了訓練，卻變成男性隊員的洩慾工具直至深夜，利用我們來舒緩他們的壓力，這種事誰也不願意。

自己的身體只能靠自己守護，我別無選擇。

溝通

六月二十五日，惡夢般的山訓結束了，當我們正要返回郡山駐屯地時，我站在預定乘坐的車輛附近，一向輕浮的C三曹靠近我，他抓住我的手，把我的手塞進他那本來就掉了釦子的褲子拉鍊處，然後像是要引人發噱般，大聲喊道：

「報到！」

站在附近的曹長只是笑嘻嘻看著，既沒有阻止，也沒有給予任何訓示。對男性來說這可能只是個玩笑，但對於被這樣對待的人來說，既不舒服又骯髒，我只想快點去洗手。

然後，當我和女性前輩隊員坐在一輛中型車的後車廂上時，正好是梅雨季節的悶熱天氣。

我不知道脫掉外套是否需要許可，碰巧E二等陸尉（陸軍中尉）為了乘車檢查巡視到我們這裡，我便問他：「因為太熱了，請問可以脫掉外套嗎？」

「可以全部脫掉喔！」E二尉奸笑著說道。

我和坐在對面的女性前輩隊員面面相覷，露出了苦笑。

到達郡山駐屯地後，一位看到昨晚情況的男性隊員問我：「妳還好嗎？」我用盡全力回應道：「我還好。」雖然心裡不覺得好，卻說不出口。

那天晚上，似乎有人把我昨晚遭受性騷擾的事告訴中隊長（連長）。於是，隊上像搜捕人犯般，立即開始追查告密者的行動。我沒有向上級報告，但中隊裡開始流言蜚語說是「五之井告的密」，連平時會跟我交談的前輩也開始避著我。

我只好打電話給對我動手動腳的男性隊員，告訴他：「我沒有告密，請像往常一樣和我相處。」我這麼說，是因為覺得如果不把問題壓下來，我在中隊裡將沒有立足之地。

該男性隊員在電話裡對我說：

「這不是性騷擾，只是溝通的一部分嘛！」

幾天後，我被曹長叫去，問我關於山訓中發生的性騷擾事件。我回答道：

「什麼都沒發生，我沒事。」

經過這件事，我不再信任任何人。雖然在女生宿舍裡，同期隊員或前輩會互相報告每天遭遇的性騷擾，但沒有人會為了改善情況而向上級舉報。

為什麼？不僅僅是因為大家已經麻痺，而是在這個中隊裡，即使發生不正常的事，也不允許有人發聲要求糾正。一旦有人舉報，不但不會得到解決，反而會打壓弱者。在這個上下級關係十分嚴格的世界，一旦做了任何可能破壞和諧的行為，就會成為眾矢之的。

不久之後，曾與我一同參加山訓的女性前輩隊員離職了。她本來去山訓前就計畫辭職，但我看到為數不多的女性隊員又少了一人，感到很痛苦。

突然，我也產生辭職的念頭。我把每天遭遇性騷擾的事告訴母親。

母親對此感到非常憤怒，但考慮到九月要報名自衛隊體育學校的選拔考試，因此還抱有一絲希望，覺得只要再忍耐一下，也許就能去體育學校。也因為自衛隊的工作本身還是很值得做，所以我堅持忍耐。

進入七月後，母親的身體狀況變差，病倒了。由於有癌症復發的可能，我陪她去醫院，並頻繁回宮城照顧她。但從八月開始，我必須前往北海道參加為期約一個月的射擊訓練，我只能祈禱在這段期間，母親的病情不會突然惡化。

第二章　夢的去向

餐會

八月三日，我到達位於北海道的演習場營舍，並為次日的訓練做準備。當天晚上，在男性隊員的房間舉辦了一場名為「餐會」的宴會。

房間兩側排列著雙層床架，大約有十五名男性隊員在中央的空地，圍著一個當作桌子的RV桶在喝酒。我則負責料理，在房間入口附近燒烤並分送食物。

男性隊員對我說：「料理就算了，來招待我們吧！」另一名男性隊員則遞給我檸檬沙瓦。

當我傾聽著男性隊員的談話時，F一曹和B二曹開始討論格鬥技，我也加入了他們的對話。就在這時，C三曹進入房間，F一曹便指示C三曹做一種鎖喉技。

「拿五之井試吧！」

F一曹和B二曹口頭指導他如何用雙手繞脖鎖喉，於是C三曹將雙手放在我的脖子上，把我推倒在床上。我被壓在身下無法動彈，隨後C三曹的手從我的脖子移向我的腿部，強行打開我的雙腿。

接著，他開始用下體頂撞我，擺動了無數次，並一邊發出「啊啊」的喘息聲，最後還大喊：「結束了！」看到這一幕的F一曹和B二曹笑了起來，房間裡充滿笑聲。

極度的不適以及被眾人目睹的羞恥感湧了上來，我說不出話，只能祈禱這一切快點結束。

但沒有就此結束，A三曹和D三曹也對我做了同樣的行為，至於誰先誰後，我的記憶有些模糊，但他們幾乎是接連不斷壓在我身上。

輪到A三曹時，他還按住我的雙手。我試圖反抗，手腕用力想掙脫開來。我感到無比羞恥，只希望他能停止。但是，我的腕力畢竟不敵經常訓練的男性隊員。我只能放棄，絕望等待這一切結束。

事情結束後，我起身，A三曹還對我說：「五之井，妳的力氣還挺大的嘛！」

他明明察覺到我在抵抗，卻沒有停止那種行為。

D三曹也同樣對我鎖喉把我推倒，他壓著我慢慢搖了三、四下腰。

三個人的行為結束後，回到原來的位置上。

然而，過了一會兒，F一曹笑瞇瞇的出聲說道：

「欸！那個鎖喉把人撂倒是要怎麼做來著？」

即便看了三次，他還是再次提出。

然後，C三曹又靠近我，對我做了和最初同樣的事。當時房間裡又響起笑聲。

這已超越性騷擾的範疇，我已經到了極限。我感覺自己的心靈和身體不斷被玷污。

我想我的表情應該是死氣沉沉的。

C三曹看著面色蒼白的我，對我說：

「不要告訴任何人喔！」

趴在附近床上的另一名三曹男性隊員笑著說：「事到如今還說這些有什麼用？都已經這樣了。」

我回應道：「我不會說的……。」然後離開房間，拿著料理用的平底鍋去清洗。

我的手在顫抖。心情無法平復。

我只想消失……。

摧毀夢想的部隊

隔天起，我便不在男性隊員的房間內做飯，而是在外面。我盡量避免進入那個中隊聚集的房間。我請後輩幫忙送飯菜，但因人手不足，我還是不得不自己送。

我拿著飯菜進入男性隊員的房間時，B二曹注意到我。

「五之井，坐到腿上來。」

因為討厭這樣的要求，我站著不動。看到我這樣，G三曹用粗壯的聲音喊道：

「喂！」

他瞪著我。我感到害怕，於是順從了B二曹的命令。一想到又要開始被性騷擾，就厭惡到難以忍受。

為期約一個月的訓練才剛開始。自衛隊的訓練通常是在偏遠的場所進行。就像在緊急情況下不能放棄任務，訓練也不能輕易逃避。除非有受傷等不可避免的情況，否則不能退出訓練。這就是為什麼女性隊員會被男性隊員當成晚間的「招待」，每天晚上都得忍受不斷重複的性騷擾……。

如果男性隊員再次失控，我該怎麼辦？我心靈和身體的指針都已擺盪到極限邊緣，無法再承受不安和恐懼了。

此時，腦海中浮現出前期教育訓練時，照顧過我，那位自稱「窩」的女性班長的臉。

「如果妳遇到一個人無法克服的障礙，正是在這種時候，記得充分運用在這裡培養的友誼。希望妳能多多依賴大家，千萬不要覺得自己是孤單一人。」

這是班長在日誌上寫給我的話。我想，明天找班長商量一下吧！

八月六日的早晨，在訓練的空檔，我給班長發了一條訊息。

「是關於性騷擾的事。」我發出訊息後，班長似乎察覺到什麼，馬上回覆我。

「發生什麼不好的事嗎？」

「到演習場的第一天晚上，情況很糟糕。」

「被性騷擾了嗎？」

「是的。雖然是開玩笑。但我撐不下去了。」

「對女性來說，這種事情是最難受的。」

「但是，如果把這件事告訴上級，事情會變得更麻煩，所以我還沒說。」

「很難說出口吧！先冷靜下來，整理一下思緒吧！」

「總之，我只想離開那群男生所在的地方。」

「有沒有WAC的前輩在？」

WAC是陸上自衛隊女性自衛官的簡稱，來自Women's Army Corps。我從六月被性騷擾以來，就無法再信任同一中隊的人。我不知道該向誰諮詢，也不知道該怎麼做，所以向班長吐露我的不安。

「因為過去的經歷我有創傷，這次也很難受。同一個中隊裡有位女性幹部，其他女性前輩都在別的中隊。」

「那位女性幹部是個好人嗎……看起來像會聽妳說話嗎？」

「我會試著問問看。」

「如果可以，還是試著諮詢一下比較好。就算只能稍微改變他們的行為，也會減輕妳的壓力。」

「乾脆辭職好嗎？」

「討論是否辭職以前，應該要想怎麼應對現在這個訓練。」

「我只想早點回去。但是，如果我報告這件事，周圍的人就會指指點點，這樣會讓我更待不下去，我只想安靜回去。」

「我覺得妳應該把自己的感受和想法告訴那位幹部。現在妳忍耐下來，勉強自己，但如果再次被騷擾，妳就會積累更多壓力，工作如果出問題，對部隊來說也是負面的事。」

「說的也是。我在大家面前被當作鎖喉技的實驗對象，我被推倒在床上，他們壓在我身上，按住我的手，不停扭動腰部，我被三個人這樣對待，成了大家的笑柄。事後還被告誡『不要說出去』，我回應說『我不會說』，但我真的想回去了。」

「什麼？太過分了。妳一定要說出來，這完全超過底線了。真是太惡劣了。有夠過分。妳還真能忍受。一定很辛苦吧！妳應該不想再忍耐了吧……。窩希望妳能把現在告訴窩的這些事，試著努力告訴那位幹部。聽到這些之後，窩相信她不會再讓

WAC獨自一人進入男性隊員的房間，至少能改變一些行為。」

「一個女生在這個中隊裡真的太累了。前天和昨天雖然沒有被摸，但光是待在這裡就讓我覺得厭惡。可是，其他WAC都在努力訓練，所以我也覺得必須堅持下去……。訓練還有一個月，我不知道自己能不能撐下去。」

「這不是應該要忍耐的內容，妳不需要忍耐。」

「我本來想要訓練結束後再提辭職，看來可能要提早了。」

「不要按照別人的標準，只要妳覺得討厭，那就是性騷擾了，這是只要舉發，他們就會受處分的程度。這種情況可不是說『快辭職了所以忍耐一下』就好。再來受苦的可能會是妳的WAC後輩。窩不是在說妳一定要告發他們讓他們受處分。只是覺得現在的狀況必須改變。一起想辦法吧！」

「我又會被人說打小報告什麼的，所以想在謠言傳開前，乾脆早點回去。如果告發他們，那些人也有家庭，我不會做到那一步，總之我真的只想離開這裡。」

「窩覺得不管是告發這次的事件，還是以身體不適為由請假，妳都要先回部隊比較好。如果可以，把發生的事全部講出來，也把妳現在對窩訴說的心情都講清楚，再基於這個理由，用『身體不適』的藉口回去，這應該是最好的辦法。不過，這需要那位WAC幹部和她的上級協助，如果他們聽到這個理由，我覺得他們不會無動於衷的。」

「該怎麼辦呢？該說什麼才會讓我回去？我曾經因為手受傷而中途回去過，那時候大家都在背後說我『心智脆弱』。」

「背後受到那樣議論也很難受吧！不過，比起像這次這樣被性騷擾，因為身體不適倒下而被人批評，窩覺得身體不適還比較好一點，雖然兩者都很糟糕就是了。」

「我想告訴中隊長關於性騷擾的事，然後以身體不適的理由回去。不過，我不信任中隊長，他可能會馬上走漏消息。這個中隊裡的人全是行走的大聲公。每個人感覺都是這樣。」

「嗯！這樣做將來可能會被人議論，的確很難受，但比起再被騷擾，情緒上感到厭惡，或許這樣做還是比較好。先試著只告訴那位WAC的長官吧？」

「好的，我會這麼做。」

「我覺得這次的事件真的太過分了，不僅是職權騷擾和性騷擾，甚至還有暴力行為。妳不用顧慮那些人有家庭什麼的。因為他們確實是在傷害妳。身為人類，他們做了非常卑劣的事。因為階級、年齡和立場等原因，無法說出口是理所當然的，這不是妳的錯。」

「我明白了。」

「跟WAC的幹部商量時，要親口說出自己發生什麼事可能會很痛苦。這種時候，妳可以把和窩的這段對話記錄拿給她看。妳遭遇的事、他們對妳說的話、當時的氛圍，以及妳心裡感到不舒服的情緒。妳已經把全部都告訴窩了。這些就是妳最真實的感受，如果妳不想跟幹部前輩說，希望妳可以給她看這個，拿手機給她看也沒問題。」

「我明白了。謝謝妳。今天我會去找WAC幹部和中隊長說。」

「嗯！這樣做比較好。如果沒辦法做到，也不要責怪自己。不行就改天再試試看。最重要的是，謝謝妳願意把這些告訴窩。妳已經很努力了。」

「之前我也和媽媽談過『（日常的）性騷擾讓我很痛苦』，但為了能去體育學校，只好忍耐下來。我去體育學校之前需要練習，但即使我請求安排練習環境，我也不被允許練習，教練還說『既然待在這裡，就別指望能練習柔道』，所以我放棄了。我的夢想結束了，也無法再忍受性騷擾，整個人破爛不堪。」

「摧毀隊員夢想的部隊真是沒救了。窩覺得自衛隊不是唯一的出路，如果要帶著創傷生活下去，不如為自己考慮一下未來的路該怎麼走。隨時可以來找窩商量。」

「訓練就是訓練」

就這樣，我在班長的鼓勵下，決定鼓起勇氣找女性幹部商量。我擔心面對面談話會被周圍的人察覺，因此發送了訊息。

「我真的無法忍受這裡這麼多男人的環境。我的精神狀況快撐不住了，所以我想回去，今晚您可以聽我說嗎？但請不要告訴其他人。我還再決定要什麼時候向中隊長報告，我絕對不想讓三曹或其他幹部知道。」

那位女性幹部馬上回了訊息。

「了解！我隨時可以聽妳說話。我會考慮各種應對方式。今天一天可能會很難熬，但請堅持住……！還有，如果得和中隊長提的話，我會注意不讓妳被捲入的！請放心吧！」

這位女性幹部的話讓我鬆了一口氣。我認為她會成為一個堅強的支持者。

那天的訓練結束後，我、男性H中隊長和女性幹部三個人，在營舍外停放車輛的後面進行討論。

我解釋了我在八月三日遭遇的事，並請求「讓我回去吧」。

H中隊長似乎理解情況，他這樣說道：

「我會去告訴那些傢伙的。」

「請不要告訴他們。六月時，我也在山訓中遭受嚴重的性騷擾，大家都懷疑是我告的密。我在中隊快待不下去了，所以請不要這麼做。但我已經到了極限，請讓我回去吧！」

H中隊長露出為難的表情，說出這句話：

「訓練就是訓練。」

我看向女性幹部，想要尋求幫助。

「沒錯，訓練就是訓練。」

這位女性幹部也附和H中隊長的話。眼淚從臉頰流了下來。我感到不被幫助的絕望，同時也為女性幹部的突然翻臉而憤懣上湧。我以要揪住她衣領的氣勢，貼近女性幹部的臉逼問道：

「如果因此我死了，妳要怎麼負責？」我差點要出拳揍她。

「冷靜點！」

H中隊長插話說：「我們會朝讓妳回去的方向談。」

要退出訓練，就需要正當理由。為了不讓其他人知道受害的情事，便假裝說親人病倒了。事實上，早在這次訓練的前一個月，我母親的身體狀況就很差了。

我回到女性隊員睡覺的房間。眼淚再也無法控制。

「怎麼了？」

「沒有，沒事。」

一位察覺到異樣的女性隊員遞給我一張紙巾。即便我想向她解釋情況，但我知道一旦說出口，中隊內馬上就會傳得沸沸揚揚，所以我無法立即說出哭泣的原因。

我很想打電話給早上用訊息交流過的班長。然而，每當我以為自己是一個人在房間裡時，馬上就會有別人走進來，讓我找不到打電話的時機。等我終於能撥打電話時，又可能是在偏遠地區的緣故，訊號不佳，電話不通。

於是我發訊息告訴班長「我終於可以回家了。」並表示「真的非常感謝妳，班長的每句話都救了我。」

我該相信誰

從八月七日開始，我就沒有出席訓練了。

清晨五點左右，隊員們都起床準備訓練。我也得跟著起床，於是我對同房的女性隊員打了聲招呼道「早安」。原本我還打算裝作平靜的樣子，但眼淚再次止不住地湧了出來。

保持沉默讓我感到痛苦，我最終向隔壁床的前輩好友吐露自己受到的傷害。前輩試圖安慰我說：「妳還好嗎？好好休息吧！」

營舍的一樓是女性隊員和中隊長們的房間。男性隊員則住在二樓。因此，男性隊員都必須經過一樓才能上到二樓。軍靴在樓梯間上上下下的聲音迴響在營舍裡。更糟糕的是，女性隊員房間的對面有另一間房間，用來存放各中隊的槍支，所以從一大早就可以聽到槍支出庫的聲音。光聽到這些聲音，我就被恐懼和深深的罪惡感折磨。

如果沒有受到傷害，我本來可以繼續參加訓練，但現在我甚至連忍住眼淚都做不到。

隊員離開營舍後，我收到中隊男性隊員的訊息和電話。我不知道如何解釋我沒有參加訓練的原因。向H中隊長諮詢後，他告訴我：「就說妳擔心父母的健康，導致自己身體狀況也不佳。」他還幫我告訴其他隊員：「這是敏感的話題，請大家不要打擾她。」

到了晚上，隊員回到營舍。我獨自待在房間裡感到非常不自在。飯是由別人送到房間給我吃的。但是，為了上廁所和洗澡，我不得不離開房間。

即使廁所和浴室是男女分開，但由於男性用的盥洗室就在女性用的隔壁，我不知道何時何地會遇到中隊的人。因此，我盡量避免單獨行動，並請女性隊員陪同。一旦看到中隊的人影，我就立刻跑進女性隊員的房間。

我的精神耗弱，無論如何只想趕快從這裡消失。

八月八日早晨，中隊的D三曹打電話給我。他是那三個曾經壓制我、鎖住我脖子的人之一。我因為害怕而不敢接電話。

向H中隊長報告後，他告訴我D三曹打電話來是想讓我去商店買驅蚊噴霧。於是趁著隊員外出訓練時，我走到營舍附近的商店買了驅蚊噴霧。店裡有兩種不同的噴霧，我不確定哪種比較好，但我也不想打電話問他，所以就兩種都買，並把它們放在D三曹的RV桶上。我也發了一條訊息給他，解釋為什麼沒接電話。

「辛苦了。感覺自己沒辦法好好說話，所以沒能回電，抱歉。」

隨後，D三曹回覆一條充滿表情符號的訊息：「辛苦了，完全沒問題。我真的很抱歉，沒能理解妳的心情。慢慢來沒關係，要振作起來喔！」

他使用很多微笑的表情符號，他的毫無自覺讓我一時無言，只能簡單回覆：「抱歉，謝謝您。」

「我真的很想早點回去，能不能想想辦法？」我向H中隊長發了訊息。

H中隊長安排我從八月十日開始休年假和補假，讓我可以回老家，同時我還請求帶著自衛官診療證回家。

自衛官診療證是自衛官的保險證，沒有這個證就無法享受三折的醫療費減免。為了避免訓練期間遺失，隊員的診療證統一由中隊長管理。我會在十號出發的當天拿回。

我算了算從北海道的訓練地點回到宮城縣的交通費，發現我手頭上的現金根本不夠。由於是來參加訓練，我沒有帶信用卡或提款卡。無奈之下，我只好向女性幹部借了一萬日圓。

八月九日，H中隊長按劇本向大隊長（營長）報告說，我的母親病倒並被送進醫院，醫院來電表示情況危急。

那天，當我和女性幹部獨處時，她對我說：

「妳還是要把妳說謊這件事，記在心裡某個角落。」

她這句話讓我感到震驚。儘管這是為了逃避日益嚴重的侵害所做的苦澀決定，但她的話聽起來卻像我這個受害者也有不對。

不過，即使在這個時候，我對中隊還是存有感情。我本想把一切都向大隊長報告。但是，加害者也有家庭。如果受到處分，他們的家人會難過。所以，我只能自己消失。在這個連我想依賴的女性幹部都翻臉的中隊，我究竟該相信誰才好？在這個對性侵害視而不見的部隊組織中，為了自己保護自己，我唯一能做的就是逃跑。

所有人都是敵人。沒有人會保護我——。

這樣的念頭讓我無比痛苦。

「想要離開這個世界」

八月十日，逃離的那天。在早上六點出發前，我給睡在隔壁床的女性前輩好友寫了一封信。因為找不到合適的紙，我就用油性筆胡亂寫在防災用的攜帶式廁所包上。

「我到極限了。想消失。想離開這個世界。我會去死的。謝謝妳一直以來的照顧。能認識前輩真是太好了。真的很高興。五之井筆」

我將信放在她的枕邊，然後迅速離開房間。

我穿著運動服和一雙涼鞋，坐上自衛隊的小型卡車。同行的有女性幹部和一名男性駕駛員，他們載我到最近的車站，用跑的話大約要三十分鐘左右。我本來預定要從那裡換乘電車，然後前往新千歲機場。

然而，約十點左右，電車在帶廣站停了下來。廣播說，由於千歲地區下著大雨，電車暫停運行。運氣真背，日本剛好有個北上的九號颱風，轉為溫帶氣旋逼近北海道。我原本預計在十二時十分左右抵達機場，但等了約四十分鐘，電車依然沒有恢復運行的跡象。

飛機表定在十三時五十分起飛。我下了電車，直奔巴士站，幸運的是，高速巴士「馬鈴薯線」還在運行，我搭上了十四時三十分發車的班次。

雖然錯過了預定的航班，但只要能到達交通方便去新千歲機場的札幌，我就能找到辦法。

傍晚，我順利搭乘馬鈴薯線抵達札幌。我重新預訂第二天一早的航班。由於長途旅行非常疲憊，我想直接住在與機場相連的飯店，但因為太貴了，我只好選擇住在札幌附近一家價格適中的商務旅館。

八月十一日，我搭乘早晨的航班離開新千歲機場，十點多時，我抵達了仙台機場。十四點左右，我終於回到東松島的老家。

我只告訴母親「因為性騷擾要回家了」。一到家，母親就希望我「解釋事情的經過」。

但我沒辦法馬上談論這次的經歷，就算回到家，我仍一言不發，直接進了自己的房間，躲在被窩裡不出來。

兩天後，母親聯繫了入伍時照顧過我的自衛隊宣傳官，我們三人進行了談話。在那時，我終於吐露了八月三日遭受的侵害。

宣傳官認真傾聽，並驚訝地說：「竟然發生這種事，真是不可思議。」他聯繫仙台駐屯地的騷擾諮詢窗口，後來我、諮詢員以及幹部們在咖啡廳裡談話。九月，我向自衛隊總務部人事課的「一課」，報告我的受害情形。

結果，一課告知我，儘管有人作證目睹日常生活中的性騷擾行為，卻沒有任何人承認目擊八月的性騷擾事件。當時在房間裡，明明有大約十五名男性隊員在場，但他們全都異口同聲作證說「沒看到」或「沒做過」。

為什麼……。明明那麼多人看到了，為什麼沒人站出來為事實作證呢？如果只是單純的鎖喉技，怎麼會引發那麼大的笑聲呢……。

我太天真了。我相信那些男性隊員應該不會說謊。我以為當事件曝光後，他們會承認事實的嚴重性並誠心道歉。

要證明這件事，只能依賴當時在場的隊員證詞。如果有錄影，就能成為決定性證據，可惜訓練場沒有安裝監視器。應該也沒人在被一群強壯的男性包圍時，還有辦法自己錄影；早就怕到連一句話都不敢說了。

在男性隊員一同保持沉默、團結一致的情況下，我該用什麼表情回去中隊？不，根本就回不去。我不知道未來該怎麼辦，困惑又茫然。

一課告訴我，不妨考慮向自衛隊內的警察，也就是專門調查自衛官犯罪的警務隊進行諮詢。我本來只是希望事情不要鬧大，大家能承認事實並道歉，然後一切恢復如常，我也想回到部隊。這是我唯一的願望。然而，如果這個願望無法實現，那麼我決定改變想法，讓警務隊來正式調查。我開始認為這不僅僅是性騷擾，而是一起應該作為刑事案件來處理的事件。如果警務隊的調查結果證明此事具有刑事性質，此案就會像一般警察調查一樣，移送給檢察機關審理。

九月上旬，我去了自衛隊仙台醫院的精神科就診。自從受到傷害以來，我為心悸、失眠以及回憶閃現（flashback）等症狀所苦。為我診療的是一位男性醫師。

醫生只是一邊淡淡地「哦！是這樣啊」應和著，一邊將目光投向電腦螢幕，喀噠喀噠地敲擊鍵盤。

診斷書上寫著：「由於適應障礙，從令和三年九月七日起需要療養三個月。」給我開了安眠藥和抑制心悸的藥物。

就這樣，我開始定期去看精神科。從家裡到醫院車程大約一小時，途中在電車上，只要有男性坐在我旁邊，我就會因為回憶閃現症狀而感到心悸，非常痛苦。

甚至有幾次因為快要暈倒，無法順利抵達自衛隊仙台醫院。有時即使勉強到了醫院，我也會看到其他前來就診的病人都穿著迷彩服，只有我穿著運動便服。光是看到迷彩服我就感到不適，明明自己沒有做錯什麼，但因為休養的緣故，我內心還是充滿罪惡感，只能一直低著頭。

萬一這裡有中隊的人該怎麼辦？有沒有人看到我在這裡？這樣的恐懼始終如影隨形。

準備復職

九月十三日，我為了接受警務隊的詢問調查前往郡山駐屯地。他們還特意調整，讓我所屬的中隊不要負責當天的大門站哨。如果有人發現請假中的我出現在這裡，很快就會在中隊內引發各種流言和臆測。更重要的是，我不想再見到已經算是斷絕夥伴關係的中隊成員。

當天警務隊派來兩個人，一位是調查員，另一位是書記員。桌子中央擺著一塊透明的壓克力板，用來防止新冠病毒的飛沫傳播。在回答調查員的問題時，書記員開始頻頻點頭。他表面上裝作在做筆記，實際上卻在打瞌睡，他手中的筆還無數次哐啷地掉到桌子上。

我在心裡罵了句「該死」，但我簡單判斷這個書記員大概只是來陪同的，對調查沒什麼影響，於是我繼續回答調查員的問題。

調查員在傾聽我的敘述後，補充道：「與警察不同，警務隊沒有逮捕的權力。」

當時的我只把它當作事實來接受。然而，事後我才了解到，警務隊員實際上擁有與警察官幾乎同等的權限，他們就是司法警察。如果在自衛隊內部發生刑事案件，爲了之後移交檢察機關，他們當然可以進行調查，不僅如此，若是懷疑嫌疑人有銷毀證據或逃亡的可能，甚至可以向法院申請逮捕令，並向法務省或警察署借用拘留設施。

不過，儘管警務隊具有與警察同等的權限，我依然無法確定他們是否有能力端正內部風氣，取締組織內部的醜聞。

五天後，為了「現場勘查」，重現八月那天遭受侵犯的情景，我再次前往郡山駐屯地。這次警務隊用了真人和假人模擬加害者，仔細確認並重現每個細節，從對方用雙手勒住我的脖子到我倒下的瞬間。

我問警務隊，我的這起案件會以什麼罪名立案？

「這應該可以歸為強制猥褻罪吧！」

接著，他們問了一個說是對案件調查非常重要的問題：

「對方的下體有勃起嗎？」

「……是的，我想有勃起。」

「對方的下體接觸到妳哪個部位？」

我一時間不知道該如何回答，腦袋停止思考。我希望這問題是問加害者。我的確有感覺被男性的性器頂到，但是否勃起、接觸的是哪個部位，真的需要向受害者確認嗎？假如對方沒有勃起，難道他就能以此主張無罪嗎？

警務隊告訴我，由於正在受訓，他們無法立即對男性隊員們進行訊問。雖然他們說會找合適的時間點進行，但這明顯是將刑事案件調查的優先順序放在訓練後面。這感覺就像在拖延時間。在此期間，人的記憶會逐漸模糊，為什麼他們不能迅速處理呢？

那天，母親開車送我到郡山並接我回家。我不僅要重新揭開受害的細節，甚至還得回答那不願去想像的問題，關於對方的勃起狀態……這讓我感到極度疲憊。

等待調查結果的日子讓人焦慮不安。我無法入睡，必須依靠醫生開的安眠藥睡覺。即使睡著了，也會因夢見自己從懸崖上摔下來而驚醒好幾次。白天，我腦海裡不停閃過受害時的畫面，這讓我變得無法起身。我不斷被什麼時候才能解決這件事的焦慮感所吞噬。

在這個過程中，母親開始和當初商量入伍的宣傳官討論我的復職事宜。那位宣傳官與仙台駐屯地的女性隊員交涉，試圖安排讓我進去。在這份心意的支持下，我決定向我因平日去醫院或辦各種手續而有交集的一位郡山駐屯地的男性二尉，提出轉調請求。

十月二十二日，我給那位男性二尉發了訊息：

「這樣的生活讓我看不到未來，很痛苦，希望事情能快點解決，好向前邁進。因為在仙台駐屯地有認識的隊員，我覺得在那裡會比較安心。一想到可能會去其他駐屯地，我甚至考慮放棄自衛隊，轉而就業。時間越是拉長，我的不安就越難消除，我也越發無法想像繼續在自衛隊工作。我自己也不知道什麼是最好的。父母和宣傳官一直對我說『大家都在為里奈奔走』，但說得太多，反而讓我倍感壓力，甚至厭惡了起來。」

男性三尉回覆說：

「謝謝妳願意把心裡想的事情告訴我。首先，找個時間和我或是大隊長一起談談吧！討論一下今後該怎麼辦，還有什麼對妳來說才是最好的選擇。

給妳一個我的建議。接下來的選擇有，以自衛隊的身分在仙台駐屯地工作，還有在其他駐屯地工作，或者辭去自衛隊的工作轉行找新工作。基本上，這些都是去一個全新的地方，進入全新的職場，開始全新的工作，妳要有心理準備。雖然這樣說可能會讓妳有壓力，但這是事實……。不過，有一點我可以肯定，自衛隊無論到哪裡都一樣，妳入伍以來學到的東西，基本上無論去哪裡都差不多。我自己到目前為止已經調動了大約十次，一開始當然會感到緊張，但後來就會覺得，啊就自衛隊嘛！」

我這樣回覆：

「謝謝您。但讓我感到不安的只有性騷擾。我聽說自衛隊裡沒有性騷擾、最安全的地方，就是有宣傳官的地方，所以我才提到有宣傳官在的仙台駐屯地。畢竟自衛隊是以男性為主的社會。如果我未來要繼續待在自衛隊裡，起碼我希望一開始，能夠在一個安全、安心的地方工作，也就是有宣傳官在的仙台駐屯地。如果不是仙台駐屯地，我就會考慮離開自衛隊，從零開始一份新的工作，努力向前走，以此來減輕我的不安。（男性）二尉的話我會牢記在心，無論選擇哪一條路，我都會堅強地面對工作。」

之後，我向他請求道：「我希望盡快轉調至仙台駐屯地。還請您轉告大隊長。」

然而，我內心卻交織著想要回應母親和宣傳官的期望，繼續向前邁進的心情；以及看到迷彩服時感到的恐懼，憂慮自己無法保持平常心再出發。

煩惱到最後，我決定放下轉調至仙台駐屯地的計畫。

減薪

十一月，我再次到自衛隊仙台醫院就診，診斷結果顯示我需要延長療養時間。這段期間，我對於看不到未來的生活感到絕望，內心的煩躁無法壓抑，有時甚至會對母親發脾氣，一起待在家裡讓我感到窒息。

我想要稍微改變一下環境，我得到了自衛隊仙台醫院的醫生和大隊長的許可，決定去名古屋，在哥哥嫂嫂的家裡靜養一個月左右。

在名古屋，哥哥的朋友介紹了一位律師給我。然而，我只能進行一次免費的諮詢。律師告訴我，光是開始行動就需要花費三十萬到四十萬日圓。還要加上交通費和印刷費等其他費用。我沒這麼多錢，聘請律師在現實上是不可能的。

雪上加霜的是，我還遇到減薪。自衛隊曾告訴我，十二月份的薪水和獎金會全額支付，但從明年一月開始減薪。然而，我從十二月開始就被減薪了。當我詢問相關負責人時，對方表示傳達有誤，實際上應該從十二月開始減薪。

加害者至今仍逍遙法外，繼續領取薪水，我卻只能一邊就醫，一邊等待調查結果。為什麼被害者總是被逼到這麼不利的處境？每當想到這點，我的心情就更加低落。

我在名古屋過了新年，於二〇二二年一月回到東松島。我依舊把自己關在房間裡過日子，本來我應該像震災時幫助過我的女性自衛官一樣活躍，繼續從事我熱愛的柔道運動，如今卻成了一具空殼。

我是不是該去死呢……。

我開始無數次這樣想。有時候我甚至會想像，自己騎自行車不踩剎車，就這樣直接撞上某個地方。

二月二十二日，郡山駐屯地的大隊長和男性二尉來到東松島。他們向我提出調職到岩手駐屯地的方案。就在前一週，我再次向大隊長表達希望調職的意願。然而，若要復職，我只有回到郡山駐屯地或前往岩手駐屯地的選擇。

我之前所屬的郡山駐屯地東北方面特科連隊，與位於岩手駐屯地的東北方面特科連隊有交流，經常一起訓練。換句話說，這兩支特科連隊是同伴，很容易就能想像，我在訓練地點會遇到加害者。案件的調查尚未結束，如果這時遇到加害者會怎麼樣？光用想的就讓我不寒而慄。

當我向男性二尉諮詢時，他告訴我：「岩手是連隊長（旅長）的地盤，不會讓妳遇到（加害者）。」即便如此，也可能會在販賣部等地方不期而遇。

我還在接受治療，甚至看到迷彩服都感到害怕。不過，如果前往岩手駐屯地，我就能繼續柔道訓練。雖然我很想去，卻充滿了恐懼。內心十分躊躇。

當我向大隊長請求調往岩手以外的地方時，他回絕我說：「這有點困難。」明明全日本都有駐屯地，他卻沒有給出具體理由。

前往岩手駐屯地，抑或辭職。我只有這兩個選項。偏偏我又對只有岩手這個不近人情的選項感到失望。即使我是去岩手，消息在大隊內也會傳遍各個角落。

在岩手駐屯地，出現一份名為《關於具體化女性自衛官服務指導情形之方向》的報告書，我的受害情形被當作參考案例寫在裡面。在報告書上，把受害當時二十一歲的我寫成「未成年」，錯誤的資訊就這樣記載在上面，隨著受害內容一起散播開來，引起不必要的混亂。

以此為開端，說我被六名男子強姦等毫無事實根據的荒唐謠言，在大隊內部流傳。在封閉的自衛隊內部，再荒誕不經的謠言都會迅速傳開。要我假裝什麼都沒發生，前往岩手駐屯地復職，簡直就是一件絕望的事。

要不要去岩手駐屯地呢？經過一番糾結，我在三月七日拒絕了調職的提議。當我想到我只剩辭職這條路時，未來變得一片迷茫，精神狀態也變得更加不穩定。

「我必須戰鬥」

三月十六日晚上九點多，我對母親說「我要去超市」，然後就出門了。我搖搖晃晃騎著自行車去了超市，在回家的路上，腦中不知被什麼控制了一樣，不斷響起「我想消失，我想死」的聲音。

現在就這樣撞車吧！或希望有車來撞我。

懷著這樣的念頭，我閉上眼睛，隨著夜風騎著自行車。但我最終還是沒死成，回到了家。當我在泡澡時，那種想死的念頭變得更強烈了。洗完澡後，我下定去死的決心。我跪坐在自己房間的床上，思考為什麼事情會變成這樣。

我多次捶打牆壁。反覆毆打自己的臉和頭部。就像責備自己般，我將無處施展的憤怒發洩在牆壁和自己的身體上。但無論我怎麼打，還是無法讓自己死掉。突然，我低下頭，看見床邊有一條延長線。

就用這個來勒死自己吧！就在我將延長線纏上脖子的瞬間……

咔嗒咔嗒，咔嗒咔嗒……。

輕微的地震來了，體感震度大約是四級。這種程度應該沒事吧？我這樣想著，結果馬上又搖起來。

嘎嘎嘎，嘎嘎嘎，嘎嘎嘎，嘎嘎嘎……。

這次是一場出奇強烈的大地震。剛剛那次只是餘震，這次才是主震。二十三時二十六分，震央福島縣近海發生了震度六級強。規模七點四的大地震。東松島的震度達到了六級弱，家裡的物品因強烈的搖晃而倒下。

在這瞬間，我想起了東日本大震災，猛然驚醒。

那麼多人想活下去卻無法活下去，我到底在做什麼！我必須活下去！就在這樣想的同時，我雙手合十，祈求神明原諒。

對不起，我還打算自殺。拜託了，請讓地震停止吧！

大地震發生前我還想著要死，但突然間我開始害怕死亡。這也許是神明傳達給我的訊息「活下去」。

在長時間的搖晃中，我必須在房屋倒塌前到外面避難。我走到客廳，抱起愛犬最中，與母親一起跑到外面。

如果是平常，我會對母親說：「這種程度的地震沒事的。」然而，這次搖晃使十一年前的受災記憶如跑馬燈般甦醒過來。我感到呼吸困難，甚至過度換氣。

很快，海嘯警報發布，鄰居也都出來避難。我看見附近一位媽媽，帶著兩個幼兒騎自行車準備前往避難所。幸運的是，這次海嘯沒有那麼嚴重，不久後大家就逐漸冷靜下來。

有位鄰居大叔注意到我呼吸不順，試圖安慰我說「沒事的」。我沒想到，不只性侵害的事，連地震時的創傷記憶都會突然重現。震災當時我還是個孩子，應該沒有完全理解當時的情況，但深埋在心底的創傷在此刻突然顯現。

過度換氣讓我感到窒息死亡般的痛苦，我對在震災中罹難的人感到抱歉。我不想就這樣輸給性暴力。我不明白，為什麼加害者仍然逍遙法外，並受到組織的庇護，而被害者卻只能哭著入睡。

自衛隊內的性暴力被害者不只我一個，我也曾耳聞目睹其他女性隊員成為犧牲品，我不能只有自己逃避，就這樣丟下我的同伴。

或許其他駐屯地的情況不同，但至少在我的中隊裡，大家對加害行為都視而不見，沒有人試圖糾正。這樣下去，不僅是現存的女性隊員，懷抱希望加入自衛隊的未來新成員，都有可能遭遇同樣的侵害，志業未竟就被迫結束自衛隊的生涯，成為下一個犧牲者。我不希望再有其他人經歷和我一樣的事。

一股強烈的意志在我心中萌生。

我必須戰鬥。我絕不會原諒他們。

我下定決心，要拚死抗爭。我要讓加害者承認事實並且道歉。我要他們真誠理解，性暴力對受害者造成多麼沉重的痛苦。最重要的是，我希望防止這種事情再次發生。

我振作心神，決定以這個男性主導的巨大組織為對手，展開戰鬥。

第四章　戰鬥

被說「妨礙調查」

作為一樁刑事案件，我向警務隊提交受害報告過去半年，決定是否起訴的檢察官仍未聯繫我進行訊問。四月四日，我致電給負責的男性檢察官，他隸屬於福島地方檢察廳郡山支部。我想知道警務隊的調查記錄是否可以公開或影印。之前我打電話問過警務隊長，他說「不能給妳資料」。我想和檢察官確認這點是否有誤。

結果男檢察官也說，即使是受害者「要獲取調查文件相當困難」。我又詢問他文件是否已經送到？他回答：

「自衛隊已經把供述筆錄送來了，照片（現場勘查紀錄）也到了。」

「我被（自衛隊）告知文件上交後檢察廳就會聯繫我，但已經過半年左右了。」

「啊！是這樣嗎？（自衛隊提交的供述筆錄）是今年才送來的。」

他的回答讓我感到震驚。我去年九月就接受警務隊的詢問調查，並向警務隊提交受害報告，文件卻在「今年」才送交到檢察廳。我忍不住又問了一遍：

「文件是今年才到的嗎？」

「是的。自衛隊的調查結束後，文件才會送交檢察廳。自衛隊可能在更早之前就聽取您的陳述，但作為一樁案件，文件是今年才送來的。」

男檢察官繼續說道：

「也因此，我一直想找個時間直接向您了解情況……。」

檢察官這種「想找個時間了解」的態度，也讓我產生疑問。假設我今天沒有打這通電話，這位檢察官可能永遠都不會聯繫我吧！

在調查過程中，我唯一的願望就是事實盡早獲得承認。然而，如果被害者不主動聯繫，檢察官是否就不會行動？我壓抑著滿腔怒火，安排與檢察官會面的日期。我決定在四月二十一日上午前往福島縣，接受宣讀筆錄等相關程序。

同一時期，我母親向四月新上任的大隊長提出希望能和五個人直接面談，分別是對我施暴的三名男性三曹隊員，以及在一旁觀看和嘲笑，負有監督責任的二曹與一曹。

母親說：「直接見面讓他們坦白，事情就簡單了。我這個做母親的會一個一個叫出來質問。」她還打電話給大隊長詢問何時會面。

可是，大隊長回覆：「等檢察官的結果出來後再考慮，比較妥當。」

母親的臉上全是不滿，「這和之前說的不一樣吧！」她質問大隊長：

「大隊長，您之前說過，確認五人的意願，雙方同意就可以見面。首先，A三曹是怎麼說的？大隊長您有見過他嗎？還是有打了電話？」

「見過了。至於他們的回應，因涉及個人隱私，無法告訴您。」

大隊長以個人隱私為盾牌，不願告知男性隊員的意向，於是雙方持續爭論：

「大隊長，您已經分別問過他們每個人的意願了吧？」

「是的，我問過了。A、B、C、D……。」大隊長在列出名字時，說錯了其中一個人的名字。

雖說大隊長剛剛上任，但他是因為焦慮才犯下這種錯誤，還是他根本不在乎這件事？面對母親的追問，大隊長終於顯露出不耐煩，放話道：「由於目前正在調查中，這可能會妨礙調查進行。」

母親問道：「這是誰的意見？」大隊長立刻變得激動起來，回答道：「這是一般看法！這確實是妨礙調查，您應該知道現在正在進行調查對吧！」就在不久前，這位大隊長還對母親說：「我會和警務隊確認一下。」為什麼他會改變說辭？

在這通電話以前，大隊長還問過母親：「您方便的時間是什麼時候？」並朝雙方會面的方向安排。他們甚至商討到具體的日期，比如「四月的話十一日有空，如果晚一點則需要再安排」。對於大隊長翻臉不認人的態度，母親顯然非常不諒解。

我意識到，依靠自衛隊是無法解決問題的。這樣下去，或許向外面的警察報案會得到更適當的處理。

於是，我在四月九日打算向警察報案。但警察的回應非常冷淡：「自衛隊內部的案件由警務隊負責調查。如果案件已經提交給檢察廳，我們警察無法介入。」連外面的警察也無法依靠。

儘管不太期待，我還是試著諮詢自衛隊的「騷擾熱線」。我詢問關於警務隊的搜查問題：萬一案件不起訴，我是否還能上訴？

騷擾熱線的男諮詢員以平穩的語調回應：

「抱歉。關於警務隊的情況，我無法負責回答，您需要直接向警務隊詢問。」

諮詢員接著解釋他們的事務範圍：「（這個熱線窗口）沒有權限要求警務隊做任何事，我們負責的調查主要是與懲戒處分相關的行為。」看來他們主要負責的是自衛隊內部的懲戒處分調查，與負責調查自衛隊內部犯罪案件的警務隊有不同的職責。

果然，一旦向警務隊報告受害情況後，即便再向騷擾熱線求助也無濟於事。那時的騷擾熱線形同虛設，每個隊員都知道，就算去諮詢，也不會得到任何實際的處理。

此時，我已經感覺到，將案件委託給自衛隊或檢察廳處理，直到事實被認定為止，這段等待時間都是沒有意義的。雖然我仍期望檢察廳能出現公正的結果，但如果最終不起訴，我該怎麼辦？我應該忍氣吞聲，還是繼續戰鬥？如果要戰鬥，該怎麼做才能勝利？這些問題開始在我腦中盤旋。

不起訴處分

四月下旬，我決心辭去自衛隊的工作，我向一直與我保持事務聯絡的郡山駐屯地男性二尉，提出與大隊長會面的請求。四月二十七日，他們會來東松島見我。見面前兩天，我透過簡訊告知男性二尉我將自願離職。

「無論檢察廳的結果是否會先出爐，請讓我在六月底之前離職。」

我接著寫道：

「到目前為止，我從未說謊。性騷擾的確發生過，這是事實。日常生活的性騷擾也是事實。有人親眼目睹，也曾有WAC前輩實際被騷擾過。我不知道二尉是否相信我，但關於北海道的事，就算我去死，我也絕對沒撒謊。我說的一切都是事實。然而，我是唯一的女隊員，男性隊員有數十人。在這種人數差距下，現實就是真相會被隱瞞。

在自衛隊裡，已經沒有任何人站在我這邊，但我仍然相信二尉不會偏袒他們，會公平對待我。不過，我絕不放棄，我會盡我所能戰鬥到底。即便當事人現在試圖掩蓋真相，即便最後案件不起訴，我相信總有一天真相會攤在陽光下。

我會繼續努力。如果持續停職待在這裡，我無論精神還是身體都會無法承受。我想辭職，過上不用在意他人目光的生活，所以請讓我辭職吧！這場性騷擾事件，已徹底改變我的人生，前途暗無天日，而離職是讓我精神恢復穩定的最好辦法。」

就這樣，到了會面當天，我在位於東松島的家庭餐廳「薩莉亞」，再度表達我的離職意願，當時母親也在場。母親看起來無法接受這個決定，我們又再度討論一遍，但我的心意已經不會動搖。

隨後，在黃金週假期結束的五月六日，我再次提出自願離職的申請，並著手辦理辭職的文件和手續。

總算可以往前走了。

就在我這麼想的時候，檢察廳的結果出來了。

六月二日，我正準備帶著愛犬最中去散步。在出發前，我先查看了信箱，結果裡面有一封來自檢察廳的信件。這封我等待已久的信件，薄得讓我忐忑不安。我在附近的一張長椅上坐下，打開了信封。

信中只有不到三行字，內容寫道：

「關於C、D、A的強制猥褻案件（案件編號Q號），於令和四年五月三十一日，做出不起訴處分，特此通知。」

我放棄了帶狗散步，忍住眼淚返回家中。但當我看到母親的臉時，眼淚終於忍不住奪眶而出，母親溫柔抱住了我。

由於不起訴的信中沒有寫明任何理由，我打電話給福島地方檢察廳郡山支部的負責男檢察官，詢問「為什麼會不起訴」。

「我不認為五之井小姐的說法是假的，但要讓被告有罪，必須有相應的證據。我們對包括幾名嫌疑人在內的多位人員進行詢問，有人說看到五之井小姐被用鎖喉技放倒，但沒有人看到有搖晃腰部等猥褻行為，也有人說根本沒看到有人使出任何格鬥技。完全沒有任何人提供與您所說情況相似的證詞。我們也向您提到的男性隊員詢問情況。雖然B二曹為統一口徑，曾對大家說：『接下來會有聽證會，但不要講得太詳細，這樣才能節省時間。』但他說的意思，不是要大家否認實際上對五之井小姐的猥褻行為……。」

「這些情況有直接問Ｂ（二曹）等人嗎？」

「僅憑五之井小姐的陳述，無法推翻其他眾多人員的說法，也無法收集到足以讓嫌疑人被判有罪的證據，因此決定不起訴。」

我無法接受這個結果，拚命追問：

「但已經有證詞指出，男性隊員之間有串供的情況。這部分你們有好好把當事人叫來調查過嗎？」

「如果有人能證明您所說的受害情況，那確實會成為有力的證據。但即使Ｂ二曹說了『聽證會會很久，所以不要講得太詳細』，也不代表他承認猥褻行為的存在。因此，我認為這不算是有力的證據……。」

當我準備說明「想提交新的證詞」時，男檢察官打斷我的話，說：

「如果有人目擊並願意作證，那還有重新考慮的餘地，但關於這些誰有說什麼、誰沒說什麼的證詞，到底有多少證據價值呢？如果您對結果不滿意，您可以向檢察審查會提出申訴。」

與檢察官無法達成共識的對話，讓我流下不甘的眼淚。

不起訴的理由是嫌疑不足。明明有人看到我被「鎖喉技放倒」的場景，為什麼沒有人目擊對方搖晃腰部的動作？僅僅使用技術放倒才不會引發笑聲，正是因為在那之後，嫌疑人有扭腰的動作，男性隊員們才笑起來……。

由於不起訴處分的結果，母親向大隊長懇請與五名男性隊員對質的希望也落空了。

自從我決定繼續戰鬥後，我就悄悄聯絡內部人員，自己祕密收集可能成為證據的證言。但我小心翼翼，避免自衛隊注意到我有什麼舉動，進而看穿我的行動。

即使是願意幫助我的人，一旦處境變得危險，也可能會隨時改變立場。我早就預料到這點，關鍵在於如何從合作者那裡獲取情報。我也要顧慮到，別讓這些只有短時間幫助過我的人，被自衛隊當成叛徒，然後用別的藉口找碴或處分他們。

我就這樣一點一滴持續收集追加證據，並於六月七日提交檢察審查會的申請書至福島地方法院。這本該是由律師撰寫的文件，但我沒有錢聘請律師，只好依靠網上的範例自行撰寫。獨自寫下詳細的受害經過時，我的心幾乎要崩潰了。

六月十日，男性二尉帶著自願離職的文件來到東松島，他遞給母親一份同意書要她寫。

「其實，我也覺得這樣做不太好，但如果想要辭職，就需要這份同意書。」男性二尉邊說邊將同意書範例交給母親。

尊重五之井里奈的離職意願，同意其辭職。並且不會提出任何異議。

令和4年6月10日

母親深深嘆了口氣，含著淚按照範例寫下同意書。

「不會提出任何異議」這句話，就像是讓我們「閉嘴」一樣。

我與男性二尉一起前往自衛隊仙台醫院拿醫生的診斷書。據說，因精神疾病而休職的隊員如果想自願離職，就必須由醫生診斷其離職意願並非受病情影響。儘管我的適應障礙尚未好轉，但在醫生面前，我裝作症狀已經穩定下來，所以成功拿到診斷書。

接著，男性二尉在醫院一樓遞給我離職申請書。他一邊啜泣，一邊說道：

「讓妳寫這個，真的很抱歉……。」

我拚命忍住心中的不甘，在那裡寫下離職申請書。如果他真的感到抱歉，那麼他應該處理到隊員不用辭職的程度。

六月二十七日，為了離職道別，我前往郡山駐屯地。我去了女性隊員的宿舍，給她們棒棒糖，並表達我的感謝。我想讓她們看到，最後的我是大家熟悉的開朗形象。女性隊員們為我準備了一份集體簽名的留言卡片：

「天真爛漫、有幽默感，那些稍微冷場的笑話也很有趣！！（笑）期待五之井的表現！！加油！再來做鯛魚燒吧！」

與女性隊員一起笑著度過的日子，是無法取代的時光，也是讓我忘卻中隊日常性騷擾的唯一救贖。以這樣的方式離開讓我感到不甘心，但我心意已決，所以還是愉快地和她們道別。

我在心裡對女性隊員們宣告：

「我不會逃避，我會戰鬥到最後，我會改變現狀給妳們看。」然後我轉身離開隊舍。

最後，我前去向大隊長道別，這位四月剛上任的大隊長說：「我會改變，保證這種事情不會再發生。」

我點了點頭說：「我知道了。」

已經太遲了——這句話我沒說出口。

媒體冷漠的反應

六月二十八日，退伍日。

自從三月十六日的地震發生後，我就下定決心要與他們鬥爭到底。因此，為了這天我已經做好準備。

這將是我揭發真相的最後手段。

無法依靠警務隊和檢察官揭露事實，也無法向外面的警察報案。那麼，我只能訴諸輿論。

為了達到這個目的，我首先得將一切公之於眾。我不斷向核心電視台發送電子郵件，希望他們能來採訪，我想揭露自衛隊內的性暴力。但是，沒有任何一家媒體回覆。由於現階段缺乏物證，也只有一位受害者的證言，目擊者也否認這些指控，理所當然沒辦法成為採訪對象。

接著，我開始尋找YouTuber。後來我在與雜誌記者的隨意聊天中被問道：「既然知道電視行不通，為什麼跳過週刊雜誌，直接找上YouTuber呢？」當時我還不到二十二歲，對於週刊雜誌的存在並不了解。我從來沒拿過紙本的週刊雜誌，我連網路文章的來源是週刊雜誌都不知道。此外，我認為影像比文字更能傳達訊息給公眾。

我在觀看多個揭發類的YouTube頻道後，發現一個名為「【消防防災】RESCUE HOUSE」的頻道，他們的活動使命是「拯救能拯救的生命」。我立刻私訊，請求他們的協助，他們回覆說「希望能聽聽妳的故事」，我便計畫前往他們的所在地大阪。

出發前，我一手拿著手機，隨機搜尋過去的性犯罪事件。我參考那些揭發者的影片，研究如何表達才能讓公眾明白；反之，我也研究哪些表達方式可能會引來批評和攻擊。從中我學到兩件事：

其一，不哭泣。

雖然被害者沒有錯，但哭著訴說自己受害經歷的人，往往會遭到嚴厲批評。從觀眾的角度來看，一個邊流淚邊訴說「悲劇的女主角」，會被想成是在博取同情，可能會遭冷眼相待。此外，如果我因為情緒激動而哭泣，可能會無法清晰向觀眾傳達我必須傳達的事實，我不想要觀眾的視線從這些卑劣的事實移開，所以決定用毫無情緒起伏的表情來傳達真相。儘管如此淚水無論如何都會難以抑制，因此我也提前將要傳達的內容寫下來，進行練習。

其二，不給對方可乘之機。

我注意到，「勇氣不足而無法找警察」這類的發言，有時會被當作受害者的錯而遭致批評。同樣身為受害者可以理解這種心情，但觀眾有時就是會出現「如果你都有勇氣揭發了，那就先去報警再說」的冷酷反應。因此，我做了充分準備，不讓人抓到自己也有過失的把柄，築好防禦，淡然陳述發生的事實。

我當時拚命想讓事實獲得承認，於是決定不隱瞞姓名和面貌，將一切公開。雖然使用真名和露臉不是正解。我當時不太擔心後來的誹謗中傷。如果可以，我希望這個社會能變得不需要實名，不露臉也無所謂。然而，為了訴說事實，我沒有其他手段了。

做好這些準備後，我來到RESCUE HOUSE的事務所。導演和其他演出者告訴我，發布影片會有風險。他們提到，揭發事件會讓我被貼上性侵害受害者的標籤，而且可能不會有太大的迴響。

「這樣也沒關係。」我下定決心回答道：

「我做好了無論被說什麼都沒差的覺悟。來到大阪後，我就不打算退縮。我希望加害者道歉，也想要防止類似的事件再次發生，以免有人和我經歷相同的傷害。我相信我的行動可以拯救一些生命，請與我合作。我做好了戰鬥到底的覺悟，拜託了。」

「既然妳這麼認真，那我們現在就開始拍攝吧！」

我和演出者來到公園，在細雨中架起相機開始錄影。這是我第一次錄影，緊張得心臟都快跳出來了。儘管我事前做了那麼多研究，在現場卻無法好好發揮，只是僵硬地站在那裡。

在拍攝過程中，演出者「隊長」提議：「給加害者打電話吧！」這個突然的舉動讓我感到訝異。我全身冒汗，但想到「既然要戰鬥，就只能這樣做」，於是把心一橫，當場打電話給三名加害者。儘管害怕，但我知道如果不問出些什麼，就無法前進，只能鼓起勇氣質問他們。此時，我內心還抱有一絲希望，期待他們會承認事實。如果他們現在認錯並道歉，我會選擇停在這裡，不將揭發影片公之於世。

嘟嘟嘟……、嘟嘟嘟……、嘟嘟嘟……。

「喂。」

C三曹接起了電話。

「你好，好久不見。C三曹，現在方便講話嗎？」

「嗯？妳是哪位？」

「我是五之井。」

「哦哦哦！好久不見。」

「我有話想跟你說，是關於去年八月在北海道的事。C先生那時不是對我頂了腰嗎？」

「我沒有做那樣的事吧？」

「你做了呀！」

「妳在說什麼？」

「去年八月，和前輩們訓練結束後不是大家去喝酒嗎？」

「……是有啊！像聚餐那樣，大家吃飯。」

「那時候大家也喝酒了吧？」

「我那時候沒喝酒，我喝的是美酢，醋飲料。」
「F一曹他們不是在講用鎖喉技把人放倒的事嗎？」
「我那時候不在場啊！」
「他們講了啊！然後你還碰了我的脖子，把我放倒，壓在我身上，擺動腰部，一個人在那邊喘氣，不是嗎？」
「我沒做過啊！」
「如果你沒做過，我也不會講這些話。」
「你想說什麼？」
「我只是想知道，為什麼你要做那樣的事？」
「現在？我什麼也沒做啊！」
「你明明做了兩次，最後還對我說『不要告訴任何人』，這話其他人也聽到了吧？」

「誰聽到的？我真的什麼都沒做。」

「如果你真的沒做，我也不會請假，更不會問你這些問題。」

「為什麼現在才提這些事？」

「我換人來講。」

我的雙腿開始顫抖。旁邊的隊長接過了電話。

「這件事到底有沒有發生，C先生完全不知道嗎？」

「我沒做過，所以我不知道。」

「當時現場有十幾個人。你應該知道的。那時有三個人對她做了這件事，其中一個是你。你說你完全不在場，不知道這件事。也沒看到這件事。是這樣沒錯吧？」

「我已經說了。要確認事實什麼的，請去檢察廳。」

「但檢察廳的回應實在很慢。如果要說有做沒做，你的意思是你沒做，對嗎？」

「我沒有做。」

「你也沒有看到對嗎？」

「我什麼都沒看到。」

「所以你也完全沒看到其他隊員做出這些行為，是這樣嗎？」

「對，我們隊員沒有做這種事。」

接著，隊長高亢地說：

「現在，五之井小姐非常痛苦。」

然後，C三曹這樣回應：

「我也很痛苦啊！」

「為什麼？」

「因為被說了沒發生的事。」

接著隊長就像有律師在旁邊一般，誘導性地說：

「或許之後會透過律師來進行交涉……。」

「你們已經有律師了嗎？」

C三曹執著地問我是否有請律師，並強硬地追問隊長：「還沒確定聘請律師吧？」「打算之後要這麼做嗎？」「要來鬥嗎？」

此時，我再次接過電話，努力擠出聲音說道：

「請你誠實承認事實並道歉。」

「不，我已經說了事實，也提交了相關的書面文件。我要掛電話了。」

「我明白了。」

「不，不是『我明白了』，而是事實我已經全部告訴警務隊，希望你們根據事實來對抗吧！」

「我真的覺得很悲哀……。謝謝你。」

「謝謝你？這句話我不太明白啊！」

電話就這樣掛斷了。我的顫抖暫時無法平復。我很在意C三曹說的，「為什麼現在才提」這句話，我認為他是想說不要再翻舊帳，但這聽起來也像他半自覺承認有那件事。對C三曹來說，這可能是「現在才」；但對我來說，從那天起我的時間就停止了，一直在受苦掙扎。

為了避免被C三曹告，在影片中，我們宣稱沒人接電話，但我想在這裡以匿名形式記錄這段對話內容。

很難過的是，我沒有得到那希望渺茫的道歉，但這反而再次點燃我的鬥志。

我必須戰鬥到底——。

攝影結束後，我和演出者去大阪王將，一起乾杯說：「我們一定要贏！」

在這次打電話給C三曹後，我從內部人士那裡得知，中隊內部下達「不要和五之井有聯絡」的封口令，並且指示大家統一口徑，對加害行為表示「沒看到」和「沒做過」。偏偏在這種時候，隊員們才產生奇妙的團結感。

拉開戰爭的帷幕

接著，我也參加另一個YouTube頻道「街錄ch～請告訴我您的人生～」的拍攝。為了錄影，我從宮城前往新宿車站。下了電車，正準備前往約定地點時，導演三谷三四郎先生就開拍了，他從我走出車站時就在錄影。我當場將我帶來的宮城名產「萩之月」作為見面禮交給他。在「RESCUE HOUSE」的拍攝中，我非常緊張，所以沒能好好說話，因此在「街錄」中，我特別注意保持冷靜應對。在長達約五十分鐘的採訪中，我努力不讓自己哭出來，淡淡陳述了事實。

三谷先生並沒有馬上切入受害話題，而是回顧我的人生，按照順序一步步引導我講出來，這也讓我感覺自己說得比之前好一些。

就這樣，我一直擱置我準備的這兩部YouTube揭發影片，直到六月二十八日我辭去自衛隊職位。如果在此之前事實獲得承認，我就不打算發布影片。

但最終，直到退役那天，依然沒人承認事實。

作戰開始。二十九日，我發布兩部揭發影片。隔天三十日，我開設推特帳號。剪輯的影片瞬間擴散，兩部影片也相互帶動，播放量迅速增加。媒體在看到推特和影片後接連私訊我，向我發來採訪請求。戰爭終於拉開帷幕了。

《女性自身》、《週刊文春》、《SPA!》、《週刊現代》、《AERA》、《朝日新聞》和《週刊女性》等媒體都來請求採訪。但採訪後立即報導的，只有《週刊現代》、《SPA!》、《AERA》和《週刊女性》。由於當時有新冠疫情，加上我身在東北，大多數的採訪都是透過電話或線上進行的遠距採訪，但有位記者親自來到郡山，與我面對面進行訪談。

就在我一一回應私訊中收到的媒體採訪請求時，發生一起震撼社會的大事。七月八日，前首相安倍晉三遭到槍擊。當時的新聞清一色都在報導這起槍擊案，我從來沒想過在和平的日本會發生這種事。我會不會也因為揭發真相，而遭到什麼人的襲擊，這種不安在我腦海中閃過。

再次踏上柔道之路

七月十日，我離開宮城縣，搬到神奈川縣。

我有幸能在柔道家小見川道大代表的「小見川道場」工作。在搬家之前，我發送一封郵件，表示自己熱愛柔道，希望能成為一名指導者，想與孩子們透過柔道一同成長，然後小見川老師回信邀請我去觀摩小學生的柔道課程，並進行面試。

我只告訴小見川老師我辭去了陸上自衛隊的工作，一直到見面前，我都沒有提及關於受害的事。後來我在面試時談到受害的經歷，小見川老師看起來毫不在意，只說：「總之，先來練習吧！」

面試那天，我和來道場的孩子們一起揮灑汗水，我被充滿活力的孩子們震撼到，他們給我帶來不少能量。

練習結束後，我住進小見川老師事先安排好的宿舍。我預計隔天返回宮城縣。

早晨，小見川老師打電話給我：

「現在去看房子。」

「什麼？」

「我會去車站接妳，等著。」

我們看了五、六間房子，並在當天就簽了一間合適的房子。雖然我面試表現不錯，但也似乎是老師憑直覺就接納了我。我在神奈川重新開始生活的一些事宜，也得到小見川老師的幫忙。

順帶一提，住進這間合適的房子還不到一個月，浴室的蓮蓬頭水管就裂開了。我在網路商店以三千日圓買來一條新的水管，打算自己換上，結果尺寸不合，只好用瞬間接著劑把破裂的水管黏合修好。

新生活挺辛苦的，但搬到神奈川後，我也更方便與媒體接洽和從事各種活動。如果我還待在宮城縣，交通費等開支會增加，行動也會受到限制。

前首相安倍晉三槍擊案的震撼尚未平息，七月十一日，新的一週開始了。最先刊登報導的是《週刊現代》，是一篇很短的報導，還不到一頁的版面。十二日，《SPA!》也刊登了文章。七月十四日早上六點，《AERA》網絡版同時發布兩篇文章，這是來郡山親自採訪我的記者撰寫的報導。

文章馬上流傳開來，一些知名人士和國會議員都知道了這件事。隔天，在野黨議員開始行動，向防衛省人事教育局服務管理官提出質詢，並將他得到的回覆報告公開在推特上，這件事讓許多從未接觸過的國會議員開始透過私訊與我聯絡。

如果沒有這篇網路文章，事情可能不會引發如此大的動靜。畢竟，此時尚未出現有力的證據或證言，而且才剛作成不起訴處分。所以，各大媒體都不太敢深入報導這件事。

隔天，《週刊女性》也跟進發布網路文章，並首次揭露駐屯地的名字。在此之前，我對標示出郡山駐屯地的名字感到不安，擔心可能會涉及防衛機密情報而被逮捕或遭到起訴，因此猶豫不決。在諮詢幾位免費提供法律意見的律師後，我才確定這樣做沒有問題，於是決定公開駐屯地名稱。要怎樣釋放消息才正確呢？走在鋼索上的日子就在我的摸索中開始了。

連署請願網站「Change.org」的管理者也與我聯繫。他提醒我，若有要做的事要快，不然性侵害事件只會當成聳動新聞來報導，很快就會被遺忘，這樣一來，自衛隊是不會有所動作的。

因此，我們決定在該網站上，向當時的防衛大臣兼眾議員岸信夫，發起線上連署請願，要求成立第三方委員會，對這起事件進行公正調查並做出嚴正處分。管理者加藤悠二先生還提議，為了掌握自衛隊內部的騷擾情況，應該在連署同時，也以待過自衛隊的人為對象，進行一項問卷調查。因為影片和文章的迴響，我的社群媒體追隨者數量也不斷增加，線上連署從七月二十一日開始，連署發起後的十小時，就有超過一萬六千人連署。

一週後，七月二十七日，我們決定在池袋車站附近租間會議室，召開呼籲大家來連署的記者會。就在一個星期內，我們的連署已突破了六萬人，勢不可擋，「這種連署速度在與個人相關的請願中前所未見」。

因此，我原本以為記者會將吸引大量媒體前來報導。這是我的第一次記者會，所以我事前準備了發言稿，並思考可能會被提及的問題。

然而，現實非常殘酷。

當記者會於下午一點開始，在會議室現場的記者僅有兩位。一位是NHK的女記者，另一位是之前來過郡山採訪的記者。朝日新聞的女記者中途才趕到，是為了告訴我在這場記者會開始前，朝日新聞電子版就已經報導此事。

我準備的問題幾乎沒被問到。最後，只有曾來郡山採訪的記者報導這場記者會。

我未如我設想般引起社會關注，我該怎麼辦？如果這件事很快就被遺忘，那我的揭發就沒有意義。我必須讓這件事更加曝光。

第五章　發聲之後

誹謗中傷

我不僅參加YouTube頻道擔任來賓，並盡可能一個人應付大量採訪，反覆傾訴自己的受害遭遇。我經歷了非常卑劣的事情，但如果大家不知道事實，也就無法理解事件的嚴重性。

隨著事件擴散，網路上的誹謗中傷也接踵而來。

「那麼醜的人還能被性騷擾？」

「我能理解她的感受，但連這種程度的事都擺脫不了，怎麼能當自衛官？大家只是在考驗她而已。如果想安逸過日子，就別進自衛隊。」

「一開始覺得是件很糟糕的事，但看到被害者的記者會時，覺得她的髮型和氛圍跟那種常見的ＬＧＢＴ感覺一樣，又是和那群人有關的，頓時就沒興趣了，隨便吧！」

「說到底，女人進入血氣方剛的男人聚集地，就得好好想清楚這意味著什麼。我只能說這女人的想法太天真了，出門萬事難，不懂這點的蠢蛋就別工作了！」

這些令我心碎的話如洪水般襲來。對一個公開姓名和長相，抱著赴死覺悟訴說遭遇的性侵害受害者來說，這些誹謗中傷就是試圖用語言暴力擊垮脆弱不堪的受害者。你的一句話，可能會奪走一條性命，我希望持續誹謗中傷的人能意識到這點。而且我在網路上受到的誹謗中傷，其中有些言論已屬於侮辱罪的範疇，我決定向警方報案，並要求進行調查。

此外，還有自稱是郡山駐屯地某位男性隊員妻子的人，發了私訊給我。

「我老公在郡山駐屯地工作，聽說就在隔壁的中隊，我想我應該幫得上忙。」

她的個人檔案照片以夕陽為背景，只看得到逆光的人影，看不清楚長相。我沒有立即回覆她。結果十個小時後，她發來另一條訊息：

「我老公就在隔壁的中隊工作，但他說那裡沒發生過這種事。你可能會被控告誹謗。」

這位自稱是男性隊員妻子的帳號，威脅我說公開駐屯地名稱的行為構成了誹謗。我回覆道：「這是事實。」結果她又發來一條訊息：

「五之井小姐，妳這是在尋求道歉嗎？妳不知道妳公開駐屯地名稱，利用社群媒體的力量讓郡山駐屯地成為焦點，已經對其他隊員及其家屬（那些無關的人）造成困擾嗎？如果妳在尋求道歉，就應該帶上律師，多次當面對話才對。如果真的有性騷擾的情況，我個人認為應該取消部隊的WAC。我覺得難以釋懷，希望妳能誠實把事情說清楚。」

對此我沒有再回覆。「WAC」是自衛隊的用語，所以她丈夫可能真的是自衛官。我覺得這種行為就是在利用自衛隊家屬，尤其是女性，來攻擊並打壓我這個揭發事件的被害者。

另一方面，七月下旬也有好消息傳來，曾與我在前期教育訓練中同班的同期隊友湯米聯繫我，她說她所在的部隊設立了騷擾諮詢時間，中隊長還會詢問女性隊員：「有沒有什麼困擾？」並給予她們傾訴的機會。

湯米說：「多虧有五之井妳，妳帶給周圍的人良好的影響，真的非常感謝妳。」

湯米的話讓我感到由衷的高興，如果我的行動能讓事情稍微往好的方向發展，那麼我的舉發就是有意義的。

然而，僅僅只有舉發是不夠的。如果雙方沒有交集，加害者不承認罪行，那麼一切都將前功盡棄。隨著事件的迴響越來越大，支持我的人也越來越多，但如果真相不被認可，輿論可能會在瞬間回過頭來反對我，所以我的壓力也越來越大。

八月，在野黨的國會議員給了我聽證的機會。一開始是日本共產黨的眾議員宮本徹透過私訊聯繫我，然後他們安排在八月三日於議員會館，讓我和同黨的眾議員本村伸子及防衛省的官員進行會談。

當天，防衛省方面來了人事教育局服務管理官轄下的總務班長日口正博等人，也有媒體前來，但我與防衛省的會談屬於非公開性質。前半部有本村議員和宮本議員陪同出席，後半部則是我與防衛省人員們的單獨會談。我請求他們成立第三方委員會進行公正的調查，並防範這類事件再次發生。

防衛省回應：「自衛隊內部正在進行重新調查，成立第三方委員會很困難。」我感到擔心，害怕裡面的人會把事情壓下去。

防衛省的人離開會議室後，在通道上等候的約十名記者進入會議室。此時，議員表示：「其實這件事應該由執政黨來處理，這個問題應該超越黨派合作解決。」他們也幫我安排向其他政黨尋求協助。

走出議員會館後，我接到自衛隊一課課長的電話。一課是負責自衛隊人事與總務的部門，我在一年前受到傷害後，曾經直接求助過此部門。當時，他們表示無法從男性隊員們那裡獲得證詞，因此不承認此事存在。事到如今他們突然來電，讓我升起不信任感。

我帶著警戒接聽電話，才得知這位不是當時的一課課長，而是新上任的課長。

他說道：

「我們正在不讓當事人察覺的情況下進行調查，因為必須保護願意作證的人，要等到對當事人的詢問結束後，我們才打算進行拘捕。因此，也請五之井小姐在發聲時謹慎一些，我們無論如何都想將他們繩之以法。我明白您希望進行第三方調查，但我們也無法容忍部隊內發生這種事，我們會與部隊聯手進行調查。」

雖然我無法完全相信他們，但自衛隊內的調查確實已悄悄重啟。

此外，透過記者，我與立憲民主黨的眾議院議員長妻昭、擔任性別平等推進本部代理部長的眾議員岡本明子取得聯繫，八月十日我再次獲得會談機會。

這段時間，我的體力和精神已經快到極限。剛從宮城縣剛搬到神奈川縣的環境變化，加上為了努力行動，我勉強自己挺直腰桿持續前進，最終弄壞了身體。我開始無法順利發出聲音，並試圖靠著蜂蜜和口服補液來恢復體力。但光靠意志力已無法支撐。

就是在這時，我參加了八月十日的聽證會。即使透過麥克風，我的發言也變得像蚊子叫聲一樣微弱。但偏偏這天，議員會館寬敞的會議室裡，擠滿眾多議員和記者，我只能榨乾我所有體力，集中精神支撐自己不倒下。

聽證會結束後，我搖搖晃晃搭乘地鐵準備回家。就在換車時，我在月台上被叫住：

「那個，我一直在關注妳的活動。我也曾經遭遇類似的傷害，所以能夠理解妳的感受。我支持妳。」

那是一位長髮女性，她這句話彷彿給了我救贖；但另一方面，我也為她有相同的受害經驗感到悲傷。我相信她是鼓起勇氣才跟我說話的，我希望她能因為看到我的行動，傷口能稍稍癒合，並重拾力量。

就在這天，隨著首相岸田文雄的第二次內閣改組，防衛大臣從眾議員岸信夫，換成眾議員濱田靖一。

殺害預告

當我身體恢復後，我參加一個由YouTuber團體「危險赤鬼」為街友舉辦，發送愛心餐食的義工活動。我煎了五十個玉子燒並分送出去，在「危險赤鬼」的YouTube頻道中，我也談及我所受到的傷害，並呼籲大家進行連署，卻引來「愛出風頭」等中傷。可是我只能不顧一切繼續做下去，不論別人怎麼說，我都不打算屈服。

線上連署活動的時間大約一個月，我們計畫於八月三十一日向濱田防衛大臣遞交連署書。跨黨派的議員也相互聯絡集合，決定一同將這份連署書送到防衛省。

我們也計畫遞交在連署期間進行的「自衛隊內部騷擾經驗問卷調查」（詳情見附錄）。由於我沒有電腦，Change.org的管理者幫我整理收集到的回答。

大部分的回答都來自於曾遭遇騷擾的現役或退役自衛隊員及其家屬，表達他們迫切的心聲。然而，其中混著一條語帶威脅的回覆。

「自衛隊沒有騷擾，請停止散播虛假訊息，不停止的話就殺了妳。」

這則殺害預告讓我不寒而慄，儘管我告訴自己，不可以因這種威脅而感到退縮，但當我搭乘滿員電車或獨自行走在人潮擁擠的地方時，內心還是感到恐懼。

最讓我害怕的是提交連署書那天。由於事前就公布了遞交日期，我擔心在抵達位於市谷的防衛省途中，會有人在哪裡埋伏。

八月三十一日，遞交聯署信的當天，我轉乘電車，在抵達防衛省前始終保持警惕。當我穿過防衛省的正門時，每位與我擦肩而過的防衛省人員，目光都讓我感到害怕。畢竟，他們不可能對我的揭發行為抱有好感。

要求由第三方委員會進行公正調查的線上連署活動，從七月二十一日開始到八月三十日為止，共收集了十萬五千兩百九十六人的簽名，與此同時實施的「自衛隊內部騷擾經驗問卷調查」，也收到一百四十六份經歷過自衛隊內部騷擾的回覆，我們將這些寫下的經歷匯整後，也一併提交出去。我相信其中有些人可能花了好幾年才鼓起勇氣發聲，對於鼓起勇氣回應的人，我心存感激。連署甚至得到一名自衛隊員家屬的支持，他表示他的家人在自衛隊內報告問題後卻遭到隱瞞，最終自殺身亡。

防衛大臣政務官木村次郎代替濱田防衛大臣，接受了裝在厚厚文件夾裡的連署書和問卷調查結果。木村政務官表示：「在防衛省和自衛隊中，隊員之間絕對不該發生騷擾行為，作為一個組織，必須要有強硬的立場來反對這種行為。」然後，關於我所受到的侵害，他還當著蜂擁而來的媒體的面，公開表示：「目前防衛省正在進行全面調查，將根據查明的事實進行嚴正處理。」隨後，我在陪同的跨黨派議員們支持下，與木村政務官進行會談。

關於成立第三方委員會的請求，木村政務官只表示「會接受作為意見」，但對於何時公布調查結果等問題，則不具體回答。即便如此，跨黨派議員仍然追問他，並明確表示「騷擾就是對人權的侵害」，這些支持我的發言讓我備受鼓舞。

這次遞交連署，除了NHK報導外，還被各大民營電視台和報紙所關注，與一個月前冷清的記者會相比，輿論的風向終於開始有些改變。

也因為如此，我感受到的壓力也越來越沉重。

儘管我心裡一直堅信「我沒有說謊」，但唯一的證據是我的證言。如果真相最終不被承認，我將遭受更多的誹謗和中傷。

對我來說，這是一場關乎生死的戰鬥。在柔道比賽中，教練經常灌輸我們這句話：

「勝利意味著生存，失敗意味著死亡。」

當然，在柔道比賽中輸了也不會死。但是，這次的戰鬥卻是真正意義上的生死之爭。揭露真相是我唯一的取勝之道。

眼淚

提交連署書後，我回到宮城縣的老家，這是兩個月以來我第一次回去。看到我憔悴的臉，母親驚訝地問：「你怎麼消瘦成這樣？」她帶我去吃我最喜歡的燒肉。吃完後，我們去了卡拉ＯＫ，我想唱當我感到難過時經常聽的Bigfumi的歌《Life》。當旋律一響起，我這幾個月來一直強忍的眼淚湧了出來。

即使我沒有說謊，卻被人當成撒謊者，這讓我對任何人都失去信任。痛苦、悲傷、不甘，以及那種想消失的感覺，各種情緒一股腦湧了上來，我邊哭邊唱完這首歌，坐在我旁邊的母親也哭了出來。

唱完後，母親為了讓我振作起來，點了一首柚子的《光榮之橋》。她盡情地唱，但瘋狂走音，害我邊哭邊笑。

九月五日，我準備返回神奈川縣，母親送我到仙台車站。在東北新幹線的月台上，母親遞給我一個裝著些許生活費的信封，她在信封上用力這樣寫道：

「即使真相無比殘酷，但真相磨練人性，淬鍊出美麗的事物。里奈，加油！」

九月六日，距離提交連署書已過去一週。就在這天，濱田防衛大臣在內閣會議後的記者會上宣布，將以全體自衛隊員為對象，進行騷擾問題的「特別防衛監察」。

同一天，陸上自衛隊最高的陸上幕僚長（陸軍參謀長）吉田圭秀（當時），也在記者會上表態，基於特別防衛監察的實施，「我們深刻認識到，陸上自衛隊的自我修正能力正受到質疑，我們將採取措施，致力於根除騷擾問題。」

終於，最高層聽到了我的聲音。

不過，我仍然認為特別防衛監察的對象範圍不夠廣，因為我接到許多來自已退伍的隊員和駐屯地職員的悲傷訊息。因此，除了現役隊員，防衛大學、陸海空軍校、駐屯地的食堂與販賣部員工、平時在社會上生活，緊急時才出動的「預備自衛官」、已退伍的隊員、自殺隊員的家屬，甚至是隊員家庭內的暴力問題，政府都應該廣泛聽取他們的聲音，並持續把握他們的實際動態。

然後我接到一課課長的聯絡，表示他們希望對我進行特別防衛監察的訊問。我之前向警務隊提交的證據和證詞等，已成為調查資料，無法再次使用，所以我不得不重新接受訊問。隔週，我接受長達約六小時的訊問調查。

在與媒體談話時，有受害經歷的觀眾曾反饋說：「聽到受害的描述會引發創傷的重現。」我自己在談及受害內容後，也常常會感到極度疲倦，因此我說話時盡量省略細節。但在特別防衛監察的調查中，調查員提問時會深入挖掘細節，如同一年前警務隊的訊問，我必須再次從自己口中說出那些血淋淋的細節，此時此刻，他們也問了我那些男性隊員的下體是否有勃起。

這個答案對調查來說雖然「很重要」，被問到的人卻會感到異常不適。就這樣，為了特別防衛監察，我重新撰寫了「申訴書」。

本來我打算回到老家養精蓄銳，但由於壓力，我的腹痛越來越嚴重。幫助我的跨黨派議員們建議我，「應該聘請律師，設立聯絡窗口」。然而，我沒錢聘請律師，所以每當別人提起律師時，我都只能逞強說：「我會盡力做到自己能做的事。」此外，如果聘請律師，很可能需要數年時間才能解決這個問題。我不想一直以「性侵害受害者」的身分生活下去，而且拖得越久，我的精神會越耗弱，可能會比現在病得更重，這是我無法再承受的。因此，我一直猶豫到不能再猶豫。

議員也對我說：

「這個問題不僅僅是五之井小姐的問題，這也是整個日本社會的問題。」

雖然我理解這點，但我的受害經歷被放大到成為一個社會問題，這為我帶來了巨大的壓力。

我感覺到胃腸痛如刀割並發出悲鳴，結果又發生窮追猛打的事件。

九月九日的前一晚，我接到《週刊雜誌》的男性記者的電話，他是最早在雜誌上報導我的事件的男記者。由於演員香川照之涉嫌猥褻女公關，他希望我就此事發表評論。

我之前從未被要求對自己以外的事情發表評論，所以我在還沒完全理解的情況下，不小心就回答了。不過我有事先聲明：「因為我不在現場，也不了解酒吧的世界，對這個事件也不太清楚，所以也不便發表什麼意見……。」

事前寄過來的原稿中有寫我的受害情況，但在被害時間等細節上，描述與事實不符。此時特別防衛監察已經開始調查，我的事件也進入重新調查的關鍵時期。如果媒體散布不實消息，恐怕會讓人覺得我的證詞存在矛盾。

因此，我請求記者撤回整篇文章。凌晨十二點過後，男記者回覆道：

「我會與編輯討論，明天再聯絡您，我會建議編輯刪除有關五之井小姐受害的描述。」

我也重新表達我希望不要刊登我的評論，但由於已是深夜，記者當時沒有馬上回覆。

第二天早晨，我請求撤回的文章仍發布了網路版，且不實的部分依然存在。我要求這位記者解釋，他說：

「我已經將五之井小姐的意願告知編輯部了，但發布時間已經確定，所以文章還是發出去了。我會和編輯商量是否能撤下。」

我馬上打電話過去說：「請刪掉文章。」但對方漫不經心回答：「好好好。」就單方面掛斷電話。我再次打過去，但他的態度依然不耐煩，並再次掛我電話。該文章同時被Yahoo新聞報導出來，我在評論區裡遭到了攻擊。那天早上我一直在哭，祈求文章能早點刪除。

為了祛除厄運，我到明治神宮參拜，此時只能依靠神明。我在繪馬上寫下願望：「希望調查結果能盡快出來，並且一定要得到道歉。願未來充滿光輝。」

後來我才發現，我把「光輝」的「輝」寫錯了。祈禱我的願望能傳達給寬宏大量的神明。

不起訴不當

當天下午，母親發來了一條夾帶照片的訊息。

那是檢察審查會的通知書。

決議日期是九月七日，通知書上寫著：「關於嫌疑人等的不起訴處分不當。」

不起訴不當是指，檢察機關將對不起訴的案件進行重新調查，並重新決定是否起訴。

不起訴不當的決議理由中記載：

目前本案件中，嫌疑人等否認嫌疑事實，沒有目擊證詞，此外也缺乏證實猥褻行為存在的客觀證據，唯一的證據僅為被害者的供詞。若排除唯一證據被害者供詞，將導致無法提起公訴的結果，並迫使被害者忍氣吞聲，正因如此，必須對被害者供詞的可信度進行更嚴謹的判斷。

此外，審查會在審查不起訴處分的紀錄後，還指出調查不充分之處：

⑴判斷被害者供詞可信度的調查及⑵本案犯行目擊者有無的調查，這兩方面的調查均難稱充分，此外，⑶其他方面的調查也難稱充分。

如果我沒有訴諸輿論，結果可能會不同。我不知道發聲是否對審查結果產生影響，但慶幸的是我沒有選擇默默忍受。

就這樣，自衛隊內部和檢察廳的重新調查同時開始了，不知道哪一方會先得出重新調查的結果。

如果自衛隊再次以訓練等理由拖延重新調查，那麼檢察廳可能會先得出結果。如此一來，自衛隊將被視為沒有自我修正能力。而且，自衛隊與檢察廳的調查結果若出現分歧，則雙方必須作出充分的解釋以釐清矛盾點，所以嫌疑人必須對兩邊的搜查都保持統一的供述。此案不僅有三位嫌疑人，還有十多名隊員在旁邊看，自從這件事公諸社會後，或許會有隊員願意改變心意為我開口。

至少我還寄一縷希望於那些有志向的隊員，期望他們出於正義感為真相作證。

九月中旬，一課課長聯絡我，據說三名嫌疑人中有一人鬆口了，承認事實的是C三曹。一課課長在電話中說，C三曹表示「想當面道歉」。

既然有一個人認罪，那麼另外兩個人說「沒做」就等於是說謊。我很希望能早日向社會公布已有人承認真相。因為揭發這件事讓我飽受二次傷害，大家都質疑我是不是在撒謊，我還要忍受這些誹謗中傷到什麼時候呢？

我向一課課長請求，即使只有一個人認罪，如果他有道歉的意願，就希望他能盡快當面道歉。

我還要求防衛省和自衛隊在九月份的記者會上，公布已有人認罪的事實。當時正值白銀週連假和前首相安倍的國葬即將舉行的時期，所以我還指定了具體日期，希望他們能在二十八日到三十日之間公布。否則，我就會搶先召開記者會宣布「已有人承認加害事實」，我表現出這種強硬的態度。

男性隊員一直以來都異口同聲，現在他們之間的「詭異團結」已出現裂痕。等待剩下的兩個嫌疑人認罪只是在浪費時間。我的直覺告訴我，現在不能被動等待，應該主動出擊。

謝罪

在觀察防衛省和自衛隊態度的期間，我還是忍不住去看網路上的評論，結果讓我精神崩潰，不要說無法去參加柔道練習，我連踏出房門一步也做不到。

看不下去的道場教練小見川老師就帶我去跑步，跑了不到一百公尺，小見川老師便丟下我跑遠了。

我報名參加這個週末的柔道比賽。但因為沒能好好練習，我便在終點的神社參拜祈願，祈求獲得勝利。並且，我反覆祈禱：

「希望真相能早日被承認，希望我能獲得道歉。」

這段時間，「謝罪」這兩個字始終在我腦海裡揮之不去，讓我顧不上其他事情。

九月十八日，我參加了報名的柔道比賽，結果打敗五個人拿到優勝。儘管我遭受誹謗中傷，但無論我傷得多重，當我在摔柔道時，我就會沉浸在光明正大的對決裡，這讓我感覺好像能忘掉那些痛苦。

我原本應該只是個喜歡看人微笑、專注於柔道的普通人，既不是舉報者，也不是性犯罪的被害者。我還有找回原來自己的那天嗎？

在九月的白銀週假期前夕，防衛省人事教育局服務管理官轄下的總務班長，日口先生打來電話。

「我想向您致歉，長時間給您帶來了痛苦。」

日口總務班長這麼說，並承諾會在九月內公布目前已有加害者認罪的事實。

終於來了。

不過，具體的日期還沒有確定，只說會在「九月內」。因為白銀週假期結束的那週，還有前首相安倍的國葬，我想他們在國葬平安結束以後才會公布。

九月二十七日，國葬順利舉行。從這天開始，我再也無法按捺急切的心情，因為他們承諾會在「九月內」召開記者會，但現在九月只剩三天了。

如果只是等著他們跟我聯絡，我可能永遠都無法得到道歉，所以我主動打電話給防衛省的人。負責人表示：「我們已經與上層協商過，九月內一定會行動。」

這是真的嗎？如果防衛省和自衛隊不公布，我會在十月初那週親自召開記者會，這點我絕不會退讓。

九月二十九日早上，一位認識的女記者聯絡我。

「幕僚長好像會在例行記者會上道歉。妳聽說了嗎？」

「咦！是這樣嗎？」

「妳沒聽說嗎？今天下午三點半喔！」

記者比我這位當事人還早知道。我趕忙聯絡議員，結果議員也知道「防衛省今天會道歉」。

隨後，防衛省打來電話。

「非常抱歉。我們打算今天就道歉。」

在議員的安排下，我將在當天下午五點於議員會館，在媒體全程參與下公開接受道歉。

因為太過匆忙，我準備穿去的白襯衫還皺巴巴的，我趕緊重新洗了一遍，並想燙平皺褶，但由於家裡沒有熨斗，我只好穿著濕答答的襯衫跑去找小見川老師，最後是師母幫我把襯衫燙好。

等襯衫變得筆挺乾爽後，我在外披上了黑色的求職套裝，就是我常在記者會穿的那套，再穿上黑色高跟鞋，出發前往將成為記者會場的議員會館。當我快步走在車站時，鞋跟不小心卡進溝裡，在上面留下一道深深的劃痕。

真是糟透了……。

但我已經走到沒辦法回頭的地方，沒有時間回去換鞋了，只能繼續往前走。

就在我趕往議員會館的途中，陸上幕僚長吉田圭秀在例行記者會上發表了聲明。

「對於五之井女士長期承受的痛苦，我個人代表陸上自衛隊致上最深的歉意。真的非常抱歉。」

吉田陸幕長深深一鞠躬。

「五之井女士在被迫離職後，還以公開姓名的形式提起訴訟，這次重啟調查確認了真相，對此我也感到非常羞愧，應該更迅速進行調查，在她離職前就澄清事實，我們作為一個組織對此深刻反省。」

我在移動中的電車上看到新聞，才知道他們對郡山駐屯地約一百名隊員進行調查，這場漫長的戰鬥終於看見成果了嗎？

我的心中滿是感慨，眼眶漸漸變得溫熱。

糟糕，我忘了帶手帕……。

從自衛隊的前期教育訓練起，我們就被灌輸外出時必須隨身攜帶手帕和衛生紙。外出前，班長還會檢查隨身物品。

曾有一次，我碰巧找不到手帕，又快要趕不上集合時間，情急之下我把護膝折疊得像手帕一樣。原以為班長會沒有注意到略過我，結果唯有這天，她特別仔細打量檢查。

「喂！這是什麼？」

「這是護膝！」

我大聲回答。

「妳是在瞧不起人嗎？」

我被狠狠訓斥了一頓。從那天起，我就發誓絕不再忘記帶手帕。可是在這個要緊的日子，我卻偏偏忘記重要的東西。雖然我決心不在媒體面前哭泣，但這天，我的情緒還是決堤了。

生日蛋糕

抵達議員會館後，在議員引導下，我進入了記者會場。隨後，幾名穿著西裝或陸上幕僚制服的防衛省官員也進入了會場。

防衛省人事教育局長町田一仁，以及陸上幕僚監部的人事教育部長藤岡史生在我對面，我則站在媒體面前。房間很小，眾多攝影師就在我腳邊架設攝影機，鏡頭由下往上看。

防衛省的町田人事教育局長神情嚴肅開口說道：

「關於五之井里奈女士所控訴的性騷擾行為，防衛省目前確認有以下事實。首先，防衛省對於五之井女士長期承受的痛苦，深表歉意。真的非常抱歉。」

防衛省的人員深深一鞠躬，並公布以下他們確認的被害事實。

- 所屬中隊，公然的和性有關的言論與肢體接觸為日常的事實
- 二〇二〇年秋天，在警衛所，隊員進行了性的肢體接觸的事實
- 二〇二一年六月，在演習場的野營中，隊員進行了性的肢體接觸和性言論的事實
- 二〇二一年八月，在演習場的住宿設施內，隊員將我推倒進行了性的肢體接觸，且進行了封口的事實
- 二〇二一年八月，在演習場住宿設施內的性騷擾事件中，作為上司的中隊

長並未向大隊長報告及調查真相的事實

我一個一個聆聽這些終於被承認的事實。

除了被刑事指控強制猥褻罪的人以外，其他的受害事實也獲得承認。就在幾天前，還只有一個人承認罪行，但在這天，我才第一次知道，在特別防衛監察的調查中，幾乎所有我申訴的受害情況都被承認了。

坐在自己位子上的我，握住麥克風，傾吐出無法化成言語的情感：

「這條路真的好漫長啊……。」

眼淚翻湧上來，我努力壓抑情緒，繼續說道：

「如果一開始就能進行這樣的調查……。我懷抱夢想加入陸上自衛隊，如今事實終於被承認，但真的來得太遲了。」

我再也無法忍住淚水。

「本來，防衛省的道歉理所當然，但我也希望直接對我性騷擾的人能當面道歉。我希望今後這樣的事再也不會發生，從根本上改善這些問題。由於一切還沒完全解決，在得到加害者的直接道歉以前，我絕不會放棄，會努力往前走下去。」

接著，我轉向坐在旁邊的防衛省人員問道：

「最初的調查完全沒有出現任何證詞，但在事情鬧大後您們才提高了調查品質。現在您們這樣承認證詞，是否意味著最初的調查是敷衍了事呢？」

町田人事教育局長回答：「坦白說，我認為我們的調查確實存在不充分之處。」他還補充道：「我們會仔細查明每個事實，並盡快進行懲戒處分。」

防衛省和自衛隊口中的「盡快」，與一般社會的感覺相去甚遠。在一般社會，犯罪行為一旦曝光，通常會立即遭到解雇。但在自衛隊裡，回應往往遲緩，處罰也僅僅是停職幾個月，輕描淡寫地結束。這種寬容助長了騷擾行為，並讓騷擾程度逐漸升級。

我所要求的不僅是事實認定，還有來自加害隊員的直接道歉。我再次要求，為了不讓事件只在事實認定就結束，我希望他們本人能來親自謝罪。

然而，陸上幕僚監部的藤岡人事教育部長卻模糊回應：「處分結果確定後，我們會採取必要措施。」

如果空等處分結果，又要拖很長的時間。我為了向前邁進，希望能盡早獲得加害者的當面道歉。

在記者會的問答環節中，每日新聞的女性評論員以強烈的語氣向防衛省提出尖銳的問題：

「從報導內容來看，這不是性騷擾那種簡單行為，這是性暴力，是犯罪行為。防衛省對此事的認知，還只是停留在性方面使人不愉悅的性騷擾嗎？」

在記者會中，防衛省始終將我的受害經歷稱為「性騷擾」，所以這位記者打算追問他們的認知。

町田人事教育局長正襟危坐地回答：

「並非如此，我們認知到這是性暴力。」

我所在的中隊，性騷擾和性暴力都存在。即使性暴力是一種更加惡質的犯罪行為，我也不希望性騷擾就被矮化成較輕微的問題，無論是哪種行為都會傷害到對方。

記者會結束後，我獨自回到神奈川縣。

當我現身道場時，小見川老師和學員們還來迎接我。

練習結束後，小見川老師和道場的成員帶我去吃燒肉。在那裡，他們端出一整個草莓鮮奶油蛋糕，盤子上裝飾著「里奈老師」的字樣。

我好高興，今天是我二十三歲生日。雖然是漫長的一天，但成為我一生都難以忘懷的特別日子。

真正的對決

從這天起，主流媒體紛紛報導自衛隊的騷擾問題，與兩個月前我首次召開記者會時的情況大不相同。事實一經認定，風向便改變了。

我確實感覺到，不只媒體，社會輿論也站在我這邊。

以世人的眼光來看，事實得到承認已經是巨大的成就，但我一直以來所要求的，是加害者們當面道歉。我想知道他們說謊的理由。

或許對他們來說，這不過是一場配合演出的惡作劇，男性隊員為此團結起來，統一口徑，保護彼此的立場。但這一切讓一個受害者被逼到多麼絕望的境地，背負多麼深刻的傷痕？我希望能親自見到他們，親眼確認他們是否在真正意義上理解他們罪行的嚴重性。

從這一刻起，真正的對決才要開始。

我沒有沉浸在生日的餘韻裡，隔天我便前往福島地方法院，接受檢察官因重啟調查而進行的訊問。檢察審查會裁定不起訴不當後，負責我案件的男檢察官就被換掉了。

新的負責人是一位女檢察官。他們沒有告訴我更換的理由，所以我並不清楚。由於自衛隊的內部調查才剛確認真相，對檢察官來說，重新調查的結果無疑正受到社會的關注，他們應該滿緊張的。

從十月起，我感到肩膀上的壓力稍微減輕了一些。此時不但有媒體採訪，還有演講邀約接踵而至。然而，我要面對的現實問題是，我要如何過上腳踏實地的生活。由於我不斷參加活動，導致我的健康狀況不佳，我也顧不太上道場的工作。我一直依靠存款來勉強維持生計。

我也想重新開始一度中斷的心理治療。自從遭受侵害後，我對男性仍然存有恐懼感。柔道成為我的精神安定劑，因為我可以專注於比賽，但當我遭受誹謗中傷時，就會陷入深深的沮喪，連喜愛的柔道都變得難以繼續。因此，我希望先找到有穩定收入的工作，解決生計問題後，再重新開始治療。

被害者不僅受創傷經驗折磨，還會失去生活的基礎，光是要活下去就已耗盡全身力氣，被逼至絕境。我必須面對這種不合理的處境。我希望早日得到道歉，並找回正常的生活。

十月十一日，濱田防衛大臣在內閣會議後的記者會上，對於加害者當面道歉一事，發言表示：

「（加害者）本人的意願很重要。」

他的說法像是以現階段正在進行懲戒處分的調查為由，將事情進展推託給加害者的意願。濱田防衛大臣提到「本人的意願」，但我大約一個月前就聽說，至少C三曹曾表示「想下跪道歉」。但防衛省和自衛隊卻一直以各種理由試圖拖延。

我再次透過一課課長提出要求：「即使現在只有一位願意道歉的隊員，也請盡快過來道歉。」

我只是在要求一件理所當然的事，做錯事就應該立刻道歉，這是大人經常教導孩子的道理。但當組織變得龐大時，這麼重要的道理卻變得難以實踐。

十月十四日，在立憲民主黨的安排下，我有機會與防衛省等相關部門進行意見交流。自從防衛省和自衛隊的高層道歉以來，已經過去兩週，所以我打算追問防衛省，為什麼加害隊員遲遲不來道歉。

然而，就在前一天晚上，我沒想到事情突然有了急速進展。

晚上九點多，一課課長打來電話：

「A、B、C、D這四個人表示想向五之井女士當面道歉。讓您等這麼久，真的非常抱歉。下個星期，是否可以前往神奈川道歉？」

自衛隊終於舉全隊之力，將方向切換成直接道歉，這四人都是被認定有性騷擾和身體接觸的隊員。

我感到「終於」的同時，也感到「害怕」，我將與加害者面對面。我希望他們的誠意能有具體的表現形式，於是我請求一課課長讓每位加害者寫下道歉信。

來自藤岡奈穗子選手的聲援

早上八點，在議員會館舉行的意見交換會上，防衛省派出了大臣官房政策立案總括審議官的幹部們出席。

我硬是要詢問，為什麼即便認定了加害行為，處分卻仍如此緩慢。

防衛省的官員解釋道：

「各方的證詞有所不同，為了做出嚴正處分，現階段我們正在慎重確認事實。自衛隊有其獨特的程序，所以處分需要時間。」

果然，相比一般社會，防衛省和自衛隊在做出處分的決策上顯得遲鈍且寬鬆。

我當場告訴防衛省的官員：「加害者將在下週進行當面道歉。」防衛省的人露出被突擊般的錯愕表情，彼此面面相覷，顯然事前並不知情。這次，自衛隊的行動比防衛省更快。

我本來希望那些加害的男性隊員，能像我這樣公開長相和姓名，站在媒體面前道歉。

但是，他們也有家人。我無法像公開處刑一樣要求他們曝光。因此，當面道歉的過程不會向媒體公開，而是在我接受道歉後，由我一個人在議員會館面對媒體。

在這天的新聞報導中，螢幕裡的我坐在印有在野黨名字的牌子前。光是這樣，就有人在網路上說些捕風捉影的臆測，像是「背後有陰謀」、我與特定政黨勾結「企圖摧毀自衛隊」等等。

其實，包含一些有理想的執政黨議員在內，大家都有來幫我處理問題。即使我所受的侵害事實獲得承認，仍然有人因偏見而看不到事情的本質。最後甚至有人問說：「是不是要從政了？」隔天，我的身體狀況再次惡化。

加害者會以什麼樣的表情出現在我面前？如果他們沒有表現出真誠的反省，我在接下來的記者會上應該以什麼表情面對媒體？如果道歉不真誠，我是不是應該臨時取消記者會，或是在記者會上說明他們沒有好好道歉？面對三天後的當面道歉，我心裡煩惱不已，過得非常憂鬱。

就在這時，制霸五級的世界拳擊冠軍，藤岡奈穗子選手邀請我和她見面。藤岡選手和我一樣來自宮城縣。八月時她在社群媒體上追蹤了我，並一直關注我的活動。她還透過私訊聲援我說：「作為同鄉，我支持妳。」當時，藤岡選手正遠赴美國。她還跟約定，等回日本後「希望能見上一面」。那次的約定真的實現了。

當面道歉的前一天中午，我們約在淺草見面。這是我第一次來淺草，所以不小心從奇怪的地鐵出口冒出來，在前往集合餐廳的路上迷了路。

稍微遲到後，我緊張地推開店門。

「呀！！！！等妳很久了！！！！」

大家熱烈歡迎我，日本首屆站立綜合格鬥的女子蠅量級冠軍高橋藍選手也在場。大家已經喝了些酒，氣氛非常嗨，我原本以為這是個悠閒喝茶的聚會，然後在沉重氣氛下聊些嚴肅話題的場合，沒想到是如此愉快的氛圍。

在那段時間，記者採訪我時總是過於禮貌和謹慎，問些不會冒犯我的問題，他們對待我像對待一件易碎物品。遇到這樣迎接我的人，我感到久違的溫暖，心情也輕鬆了許多。

我已經完全不記得話題是怎麼發展到這裡，但大家聊到了「釣青蛙」很有趣，還說下次一起去。我其實很怕青蛙，心裡有些退縮，但還是點頭說「好啊」。另外，我們還聊到了踢拳的話題，討論是否要參加比賽。如果真的要參加比賽，我的擂台名應該取自我喜歡的食物，叫「冰淇淋五之井」。我們並沒有提到案件本身，只是聊些無關緊要的小事，然後彼此大笑。

在散會前，為了紀念，我們還用看起來年輕十歲的姿勢，一起拍了大頭貼。

這是一段溫暖又溫柔的時光。

我想，終有一天，這些痛苦會過去，我會像現在這樣，普通地笑著度過每一天吧！但也可能不會有那一天。我毫無道理走在一條看不見出口的黑暗隧道裡。但現在，我隱約看到黑暗盡頭的微光照射進來。

回到神奈川的家後，我被拉回現實。我腦海中充滿明天道歉的事，整夜無法入睡。如果沒有這樣的行程，我一個人孤獨度過這天的話，我或許會想得更多，變得更加神經質。能和藤岡選手一起出去玩，真是太好了。

第六章　傷

當面道歉

十月十七日，上午十點半，我前往神奈川縣橫濱市的某處，接受加害者的當面道歉。

一課課長率領來自郡山駐屯地的四名加害者在另一個房間裡等待，而我將與他們分別見面。當我正要進入為我準備的房間時，有人對我說：

「請把手機拿出來。」

我將手機交給自衛隊的人。

我在房間裡沒有等很久，第一個人走了進來，是我曾經的上司B二曹。他在二〇二一年六月的山野營訓練時對我有身體接觸、在二〇二一年八月的演習場宿舍裡，他笑著看我被男性隊員壓倒在地，看他們擺動腰部。

B二曹將一個白色信封遞給我後，站著直視前方說：「我保持沉默，未能坦誠真相，這給五之井小姐帶來了痛苦，還有我的言行也讓您感到不適，這無疑是我的錯。我非常抱歉。」

在見面以前，我一直感到害怕，但當加害者真的在我面前時，我反而變得冷靜。我問了我一直都想知道的問題：「為什麼在一開始，您沒有作證？」

「當時我想要庇護那三個人（涉嫌強制猥褻的人），因此說我沒看到。可是，當看到五之井小姐在YouTube和媒體上勇敢說出真相時，我也覺得應該要誠實說出真相。長期以來給您帶來痛苦，我非常抱歉。」

我感到不甘心，淚水交織地說道：

「如果您一開始就作證並道歉，我可能已經回到自衛隊，繼續追逐我的夢想。現在事情發展成這樣，真的讓我感到遺憾，內心難以原諒。請告訴我，在來這裡以前，這一年來，您是懷著怎樣的心情度過。」

「是的。我自己……在這一年裡，經歷了多次調查，我都保持沉默……做了很多違背我自己正義感的事。可能完全比不上五之井小姐，但我的內心也感到非常痛苦……。為了培養後輩，無論對哪個後輩我都是積極指導，但在這過程中，我與五之井小姐的距離太過接近，讓您感到不適。事到如今，這一切都是我的責任。我真的非常抱歉。」

「您對騷擾行為有什麼看法？」

「是的，關於騷擾，我認為有職權騷擾和性騷擾等許多形式。我的意志軟弱，不僅讓五之井小姐，還讓其他女性自衛官感到不快。未來我會抱持更堅強的意志，首先從自己做起，努力消除騷擾行為。」

「您打算如何承擔責任呢？」

「是的，我目前正接受檢察機關的調查，會真誠接受處分。」

「我想問，自從我告發後，B先生重要的人現在怎麼樣了？那個人是否也感到悲傷呢？B先生有孩子吧？」

「是的……。」

我帶著眼淚哽咽地說：

「孩子是看著父母的背影長大的，即使沒那麼帥氣也沒關係，但希望您今後不要再做讓自己蒙羞的事。受害者不只有我是，B先生的孩子和重要的人都相信您，等著您回去，如果他們知道您在山訓中做了那樣的事，B先生周圍的人都會感到悲傷的。」

「是的……。正如五之井小姐所說的，您曾是我非常重要的後輩。五之井小姐帶著夢想加入自衛隊，但的確是我迫使您離職。我作為中隊的核心，未能有效監督，而我的行為也沒人制止，這一切都被放任不管，這是事實。我斷送了重要隊員的夢想，這是我的責任，我不認為這樣就能得到原諒。道歉姍姍來遲，想到這一年來您的心情，我知道這樣的道歉確實無法得到原諒，但我會真誠面對事實，是我迫使了五之井小姐離職。我也會讓自己的自衛隊人生告一段落，好好贖罪，從自衛隊退役。我保證。非常抱歉。」

B二曹跪下道歉後，離開了房間。

第二位是C三曹。這位男性隊員，平日就對我有性言論和身體接觸，包含二〇二一年六月的山野營訓練。此外，同年八月，他在演習場的宿舍裡用鎖喉技把我壓倒，擺動腰部將下體頂在我身上，最後還要我保密「不要告訴任何人」。

C三曹是最先自白的人。

C三曹一邊遞出信，一邊說道：

「五之井小姐，首先，遲遲未能向您道歉，真的非常對不起。我輕率的舉動讓您長期感到不快，真的非常抱歉。我寫了道歉信，希望您能接受。」

在YouTube頻道「RESCUE HOUSE」的拍攝中，當我打電話給他時，他「否認自己做了任何事」（這部分沒有在YouTube公開），所以我接過信並詢問他：

「我曾經給C先生打過一次電話。那時我說過，您只要認錯並道歉就可以了，對嗎？」

「是的。」

「當時為什麼說謊？」

「那時候……我害怕一旦說出事實，家人會知道，所以就撒了謊。真的非常對不起。」

「您的妻子知道嗎？」

「是的，我已經將一切都如實對她說了。」

我告訴C三曹不要再讓家人感到悲傷，並詢問他這一年是如何度過的。

「我每天都會想到，是自己的荒唐行為而讓五之井小姐受苦。真的非常抱歉。」

「雖然您對我做的事，不是道歉就能原諒的問題，但您打算如何承擔責任？」

「目前正在進行懲戒處分的手續，無論什麼處分我都接受，並一輩子反省自己的行為。」

C三曹和接下來的D三曹、A三曹，都因涉嫌強制猥褻罪而接受檢察機關的重新調查。我問道：

「現在檢察廳的調查已經開始，您有準備好說出來的覺悟嗎？」

「是的，我已經覺悟了，我會說出所有真相。」

我對C三曹再次強調：「希望您在接下來的調查中能誠實供述。」

第三位是D三曹。這名隊員也在二〇二一年六月的山野營訓練期間，在帳篷內對我進行身體接觸。同年八月，在演習場的宿舍內對我使用鎖喉技將我壓倒，並壓在我身上擺動腰部。

D三曹的措辭也和前面的隊員類似，他長時間低著頭。

「這次因為我的輕率行為，讓五之井小姐承受精神上的痛苦，並迫使您放棄夢想，對此我深感抱歉。我寫下了這封道歉信，請您務必收下。」

我也問了D三曹：

「八月的事件中，您明明也在場，為什麼沒有替我作證？」

「是的，關於這件事，目前正在接受檢察廳和警務隊的調查，不能透露具體細節……但因為我缺乏責任感的舉動，讓五之井小姐感到不快，真的非常抱歉。」

「這一年來，您是懷著怎樣的心情度過，最終走到這一步？」

「看到五之井小姐痛苦的樣子，我一直想盡早向您道歉，所以我才來到這裡。毀了您的夢想並迫使您辭職，這是事實。我深刻反省缺乏責任感的自己，真的非常抱歉。」

D三曹的如同自衛官般乾脆，我對他說了以下的話：

「我經歷的事，不是道歉就能原諒，但請您答應我一件事，不要再讓您的家人感到痛苦，絕對不要再犯這樣的錯誤，答應我。」

「好的。」

「孩子們是看著D先生的身影而成長的。他們相信您，等待您，您不能辜負他們。身為父親，未來請過著能成為孩子們榜樣的人生。」

D三曹忍住淚水，回答道：「好的。」

沒有在反省

問題在第四個人A三曹。這位男性隊員於二〇二〇年秋天，以柔道對練為藉口，在警衛所和維修場對我進行了性的身體接觸，二〇二一年八月，在演習場宿舍內，對我使用鎖喉技將我壓倒，並強力按住我的雙手，擺動腰部。我用力抵抗試圖甩開他的手，他事後還對我說：「五之井，妳的力氣還挺大的嘛！」

高大的A三曹垂著肩膀，說道：

「此次因為我的輕率言行，讓五之井小姐感到非常不適，我感到非常抱歉。如果您願意，請收下我的道歉信……。」

首先，我問了他與之前那些隊員相同的問題：

「為什麼一開始，您撒謊、掩飾，沒有出面作證呢？」

A三曹支支吾吾地回答：

「真的非常抱歉……我知道我的舉動無法被五之井小姐原諒，非常抱歉。」

「這一年來，您是懷著怎樣的心情度過，最終走到這一步？」

「自從事件發生後，我透過中隊長和大隊長等第三人得知五之井小姐的感受，讓我感到非常痛苦，但我也知道，五之井小姐承受的精神痛苦遠不止於此，這讓我更加痛苦。造成您的困擾，我深表歉意。」

「您的太太和孩子們知道這件事嗎？」

「是的，全部都知道了。」

「不只有我是受害者，您的孩子和太太也是受害者。」

「是的……。」

「對於那些相信A先生會回家，並等待您的人來說，這樣的事絕對不應該發生。現在，檢察廳正在進行調查，您會誠實說明一切嗎？」

「是的……。」

「您打算如何承擔這個責任？」

「目前還不清楚會有多嚴重的處分，但我認為履行處分就是我的責任。」

「對於騷擾行為，您是怎麼想的？」

「坦白說，在這件事發生前，我跟五之井小姐以及中隊的其他女性隊員關係良好，大家都會露出開朗的笑容，也會聊天，覺得彼此的距離慢慢親近。因此我放鬆了警惕，對五之井小姐做出輕率的行為，導致這樣的後果。我有認知到這是騷擾行為。我真的非常抱歉。」

一直低著頭的A三曹緩緩抬起頭。

事實上，前一天，我從郡山駐屯地的相關人員那裡得知這樣一個消息。

「A說，如果被處分就會一直留在郡山駐屯地，這樣反而挺好的，他還笑了。」

順帶一提，我也掌握其他隊員的狀況，但A三曹的輕浮態度讓我怒火中燒，被處分後沒辦法調動反而是好事嗎？於是我當場質問A三曹：

「我聽說，您還笑著說被處分後可以一直留在郡山駐屯地，這件事您怎麼解釋？」

A三曹似乎感到驚慌，立刻解釋道：

「對不起……，我沒有笑，如果被處分了，就無法離開郡山駐屯地，這對自衛官來說是不該發生的事，但如果真的被處分，確實也只能留在郡山駐屯地了……。」

「您沒有真的在反省吧？」

「我有在反省……。可能這段對話只有形式被保留下來，我確實有在反省。」

他的回答含糊不清，我繼續問道：

「為什麼會有這段對話？」

「當我被問到是否會被處分時，我回答說，我不知道處分會有多嚴重，但如果被處分了，就只能留在郡山駐屯地。」

「那麼，您沒有打算自行辭職嗎？」

「不，我也在考慮辭職。」

「您真的明白您對我做了多麼嚴重的事嗎？」

「是的。」

「雖然不知道檢察廳會不會起訴，但如果您真的有在反省，並且打算贖罪，那麼請如實和檢察官交代。」

「好的。」

「您對於往後的人生有什麼打算？」

「我不知道是否能繼續當自衛官，但我深刻反省是自己讓五之井小姐放棄前途，我會確保不再做出任何加害行為，中隊內也不會再出現任何遭受性騷擾的女性隊員。如果有隊員出現這類行為，我會率先制止。真的非常抱歉。」

至少在這個時間點，我仍看得到A三曹似乎有意願留在郡山駐屯地。

隨後，出現讓人難以置信的話。

A三曹先說：「最後我可以講幾句話嗎？」然後他開口道：

「這次由於我的輕率舉動，給五之井小姐帶來了不快、困擾和極大的精神痛苦，我相信這段時間對您來說一定非常煎熬。我明白現在無論說什麼、做什麼都無法被原諒，但在五之井小姐日常工作期間，您明朗的笑容總能讓在工作或訓練中的我，內心感到溫暖的氣息。我非常感謝您。真的非常抱歉讓這樣的五之井小姐經歷這些事。」

說完這些後，A三曹下跪道歉。

「內心感到溫暖的氣息」是什麼？等等……。

我當時真想立刻反駁，但卻忍住了。我一直感到這麼不舒服，但聽起來在當事人的眼中，女性隊員只是一種慰藉般的存在，帶給男性隊員心靈上「溫暖的氣息」而已。A三曹稱我有「明朗的笑容」，但那只是我不想破壞當時的氣氛而裝出來的笑容。

確認A三曹走出房間，腳步聲漸行漸遠後，我對一課課長說：「我認為A三曹沒有真正反省，請徹底糾正他。」

「雖然我們還未得知最終處分，但估計會相當嚴重，具體情況我們也還未聽說。」

此外，我還要求他們慎重處理其他女性隊員的受害問題。

約一小時的當面道歉結束後，我離開了會場。這次的道歉是非公開的，我預定在下午一點的記者會上轉達相關情況。從橫濱前往永田町的途中，我幾乎沒有時間仔細思考。

前一天從郡山駐屯地的相關人士那裡收到情報時，我曾猶豫是否應該取消今天的當面道歉會。我認為部分隊員沒有真心認識到事情的嚴重，即便事實已獲得認可。如果不是基於真心反省的道歉，我不想接受。

在移動的電車裡，我看著四人各自寫的親筆信。四個人的信封裡都只有一張信紙，信紙上的留白大小，似乎也顯示他們各自的誠意。相比於普通的官方道歉信，我當面聽到他們親口說出來的話比較能打動我。所以我在電車上，把他們親口說出的話記錄下來，準備在記者會上提到。

我不打算道歉就原諒他們

不知不覺，我到了議員會館。我很苦惱該怎麼向聚集而來的媒體傳達我的想法。

幾位認識的女性記者趕來，對我說：「妳需要補充糖分。」她們遞來一包鼓鼓的超商塑膠袋。

「想到什麼說什麼就好，做妳自己，隨心所欲地說，把周圍的人都當成馬鈴薯吧！」

袋子裡裝滿巧克力、蕃薯乾和甜栗子，我感到肩上的壓力瞬間減輕不少。

下午一點，我走進記者會現場，攝影機的閃光燈接連不斷閃爍，比以往都還要多的媒體擠滿了會場。

我緩慢回想兩個小時前才發生的事。雖然我感受到部分隊員沒有反省，但我壓下了這個念頭，我以自己的語言表達我希望加害者能有什麼樣的認知，不要再犯相同的錯誤。

「以我的角度來看，我不是唯一的受害者……。那四位也有家人，他們的妻子和孩子，都相信他們，等待四位加害者在訓練結束後回家。這種行為不僅是對我的傷害，也是對信任並等待他們的妻小的背叛。我告訴那四個人，希望他們牢記，不要再讓身邊信任的人感到悲傷，從今以後要在贖罪的路上走下去。孩子是看著父母的背影長大的，失敗沒關係，狼狽也沒關係，但絕對不能犯下這種罪行，所以不能再犯同樣的錯誤，我請他們答應我，一生都會在贖罪中活下去。」

因為大人自私的過錯和利益，最痛苦的往往是孩子。我自己深知這一點。

即使加害者有罪，我也不願意讓無辜的孩子承受家庭破碎的痛苦。我希望他們不僅對我贖罪，還要為背叛家人付出一生的代價。

然後，我朗讀了加害者的信件。儘管信裡的語言簡單樸素，但我告訴大家，在當面道歉中，他們流著淚，好幾次都深深鞠躬，四人中有三人甚至跪下道歉。

但我也表明，道歉不代表我會原諒他們。

「這問題不會因為道歉就獲得原諒，我身上的傷痕是一輩子的……。所以我希望他們能確實為自己做過的事負起責任，償還罪孽。」

為了得到這個道歉，我花了一年時間。加害者的道歉來得太遲了。

記者會結束後，我沒有片刻休息，我前往電視台進行預錄，並在深夜參加新聞節目直播。當漫長的一天終於結束時，我看了看手機，才注意到母親發來許多訊息。

「從昨天起妳就沒怎麼睡，身體還好嗎？今天很累吧！真的辛苦妳了，太漫長了……。里奈，妳付出自己人生的決心，不僅是拯救妳自己，也拯救了許多其他的人。妳對加害者家人的關心……看到妳真的為對方家人考慮，說出那些不容易說出口的話，我覺得妳很了不起。妳的目標實現了，真是太好了。」

「好好休息吧！」

「等妳回來後，我們再一起去吃好吃的東西吧！」

「未來的里奈人生！希望妳能笑著前行，人生只有一次！媽媽希望妳能快樂地生活下去。」

從家鄉守護著我的母親，因為擔心我，這幾個月來每天都會打多達十通的電話給我，雖然有點煩人，但現在終於能讓她放心了，我鬆了一口氣，這場艱難的戰鬥終於畫上句號。只剩檢察廳的重新調查，如果他們能說出真相就足夠了。

我想要向前邁進。

是否撤回告訴

我陷入了倦怠症狀。為了獲得道歉，我燃盡所有傾注的鬥志，我已筋疲力盡。即使收到道歉，生活也不會突然變好。因為拚死搏鬥過後，什麼也沒留下。如果硬要說的話，我身為一位公開揭露性侵害的被害者，這個標籤深深烙印在我身上，我必須帶著這個枷鎖生活下去。

該怎麼做？

這個問題毫無意義地迴盪在我腦海中。當我陷入半放棄狀態時，忽然冒出一個念頭。

撤銷告訴吧！

不是繼續彼此憎恨，而是好好透過對話解決，我很滿意這個好不容易得到的成果。我在十月十七日的記者會上曾公開宣布，道歉讓事情「告一個段落」，因此我希望能安穩過日子，不再受到太多關注。

但一想到撤案似乎會讓一直支持我的人失望。我不想公開這件事，但我還是想告訴那位自我揭發以來，一直在撰寫報導的記者。於是，我與記者約在神保町的咖啡館見面，我告訴她我決定撤回告訴。

記者微微點了點頭。

「如果這是五之井小姐的決定，我會尊重妳的判斷。但我不希望妳後悔，所以最好要有個讓自己滿意的理由。」

「嗯……。一開始，我真的很想起訴他們。他們說謊、不認罪、不道歉，我絕對不會原諒他們。但現在他們認罪並且道歉了……。大多數人都會選擇逃避到最後，不會來道歉。我沒有要替那四位加害者辯護，但他們的道歉方式，最後有讓我看到他們仍像個自衛官……。」

「妳會原諒他們嗎？」

「說原諒吧……，傷痕是永遠無法癒合的，但……透過起訴他們來贖罪，這樣有意義嗎……。」

「妳現在不想透過法律手段懲罰他們了？」

「是的。我希望他們珍惜身邊的人，不要再背叛他們，銘記不要再犯同樣的錯誤，如果他們能做到就足夠了。可能世人不會認同我的想法，但這就是我現在的感受。」

「希望妳心境的轉變，能啟發那些一直在逃避的加害者。」

「有很多性犯罪事件，加害者會辯稱『是雙方合意的』，以許多藉口逃避責任。但明明確實傷害了對方。我不是說那四個人值得學習，但無論花多少時間，讓他們真誠認罪並道歉，對受害者來說就是最大的安慰，也會成為一種救贖。」

記者附和我的想法，然後問道：「那妳打算什麼時候撤回告訴？」

「原本今天來這裡以前，我就打算致電給檢察官撤案，但檢察官當時不在，所以我明天再打電話試試看。」

隔天，我致電給檢察官，她告訴我：「妳的心情可能還會改變，無論要不要撤案，我們再聊一聊。」於是，我前往福島地方法院。

決定撤案後，我想給自己的情緒畫上句號，試圖在眼前的小事中找到快樂。十月底的萬聖節，我戴著三角飯糰的頭飾，穿著白色緊身衣，來到柔道館逗小朋友開心，看著孩子們為我的裝扮格格地笑，就是我最幸福的時刻。

十一月上旬，我回到宮城縣的老家。秋天已來臨，季節悄然變化，好久不見的母親帶我去泡溫泉。

當我打開女湯更衣室的拉門時，正在換衣服的女性齊刷刷地看向我。沒錯，她們以為有男性闖入，嚇了一跳。我首先迅速脫掉上衣。這是為了表明「我是女生！」。

每次和朋友去岩盤浴之類的地方時，櫃檯人員有時會給我男用的館內服或藍色的鑰匙，我總是開玩笑地猜說：「不知道今天櫃檯的人會給我男的還是女的。」此時，和我同行的友人就會說：「趕快把頭髮留長吧！」這大概是短髮女生都會遇到的情況吧！這天，母親也一臉「總是這樣」的表情，我從小就常常被誤認為男生，她已經習慣了。

當我和母親泡在露天溫泉裡時，我告訴她我打算撤回告訴。母親在溫泉氤氳中搖著頭說：

「受害就是受害，發生的事情應該讓司法機關認可。為了在真正意義上向前邁進，還是讓法院給個判決比較好。」

想到母親一直以來為我擔心，我能理解她無法原諒加害者的心情。

另一方面，其他親戚把我的被害報導視為「恥辱」，責備我要「趕快腳踏實過日子」。

我變得不知道什麼才是正確的選擇。就在此時，當我走在東松島矢本車站附近，一位看起來很正經的西裝男子向我打招呼：

「您是五之井小姐吧！我支持您，我一直在關注您。」

來自家鄉人的聲援讓我倍感溫暖。我再次深刻意識到，我的案件能得到認可，最重要的原因是社會輿論站在我這邊。

經過一番掙扎，我決定撤案與否要取決於和解協商的內容。此外，性犯罪以前是「告訴乃論罪」，即受害者不提告就無法追究刑責，但在二〇一七年刑法修法後，變成了「非告訴乃論罪」，即使沒有受害者的告訴，依然可以追究刑責。

這意味著撤回告訴已經沒有意義。但如果加害者提出和解，我不知道該如何應對，心裡感到不安。

提到和解，可能會讓人覺得是用和解金解決問題。如果我今後的活動受到保密協議書的限制，「禁止我對外提及任何受害相關的事」，我是不會接受這種條件的。如果我一開始就打算用金錢解決問題，我大可選擇不公開，僅要求賠償金。我揭露此事的目的，是希望得到加害者的道歉，並且預防再有像我一樣的受害者出現。我若因和解金只得閉嘴，我就無法開口阻止類似的事再度發生，這是我想避免的。

正當我這樣思考時，檢察官打來電話。

「嫌疑人一方聘請了律師。」

這是和解談判即將開始的訊號。從檢察官的立場來看，這是一件受到輿論關注的刑事案件，如果再次做出不起訴的決定，可能會遭到輿論批評，因此他們應該會希望，盡可能透過穩妥的和解協商來解決問題。

當我正打算撤回告訴，應檢察官的要求前往福島地方法院時，檢察官指出，受害內容與部分證詞有分歧。儘管加害者答應我，在檢方的重新調查中會誠實作證，但結果仍變成「做了還是沒做」的口水戰。

我身心俱疲，無法再繼續戰鬥下去，我軟弱地考慮是否要接受和解。另一方面，我不具備法律專業知識，我也擔心在這場和解中被哄騙，陷入不利的境地。

十一月底，加害方的律師打來電話，隱約提到和解金的話題。最後，我知道我一個人已無法應付這一切，決定聘請律師。或許太晚了些，但我沒錢，所以也只能撐到不能再撐為止。

我們雙方都聘請了律師展開談判，對方的律師立即於十二月七日寄來一封標題為「通知」的文件。文件中寫道：

「在本案中，從法律角度來看，是否應由三位當事人承擔個人責任仍然存疑，但為表達歉意，三位當事人願意支付合計一百萬日圓的和解金。」

一百萬圓元的金額乍看之下似乎不少，但三個人分擔後，每人約支付三十萬圓元。我聽說，三十萬日圓相當於一樁鹹豬手事件的賠償金額。我對這個金額是否與受害事實相符心存疑慮，也對日本性犯罪加害者所承擔的代價之輕感到無比憤怒。

付了三十萬日圓就能解決嗎？這樣加害者是否會覺得自己被原諒，然後再次犯下同樣的罪行呢？如果又有下一位受害者出現怎麼辦？明明在承認這件事情為真以前，他們平常就對我以外的女性隊員反覆進行非法的性加害行為。

更令我不敢相信的是，他們居然說「是否應承擔個人責任仍然存疑」。「存疑」的意思是，他們根本沒有面對自己所犯下的錯誤吧？就算這句話只是代理人的觀點，而不是轉達加害者說出來的話，但我仍然覺得這句話就是在輕視這件事的嚴重性。

難道他們的道歉只是一場表演嗎？我明明幾天前還在考慮撤案，但現在我只感到後悔，自己根本一秒都不該有這種想法出現。如果他們沒有反省，我同意和解就毫無意義。

就在我與律師商討應對措施時，發生以下這件事。

防衛省於十二月十五日公布對我實施性暴力的隊員的處分。

除了對我實施性的身體接觸，並於十月十七日當面道歉的A、B、C、D四人以外，還有在二〇二一年八月於演習場住宿設施中，指示男性隊員對我施加鎖喉技的F一曹，共計五人被處以免職之懲戒。

四十多歲的H中隊長（陸軍上尉）被處以停職六個月的處分。儘管我申訴二〇二一年八月在演習場的住宿設施中遭到侵害，他卻怠於報告給大隊長，也未進行調查。這位中隊長明知日常性騷擾氾濫成災，卻選擇視而不見，當個旁觀者。即使他應當承擔下屬行為惡化的責任，卻唯有他逃過免職的懲戒，斷尾求生。他看起來就是將責任轉嫁給下屬以保全自己地位的卑鄙旁觀者。

順帶一提，因為我在演習場遭受侵害，而不得不離開部隊時，曾對我說：「妳還是要把妳說謊這件事，記在心裡某個角落。」的女性幹部，在事件發生的數個月後，調往另一個駐屯地。我聽說她後來也遭受某種侵害，並向他人透露：「現在我終於理解五之井的感受。」

此外，案發當時的大隊長（陸軍中校）因未察覺到性暴力事件，受到警告處分，連隊長（陸軍上校）則受到口頭警告。另外，在二〇二一年六月的野營訓練回程中，當我詢問前來巡視乘車檢查的E二尉說：「因為太熱了，請問可以脫掉外套嗎？」，他回答：「可以全部脫掉喔！」因此E二尉受到訓戒處分。我也從內部聽說，可能還會有更多人受到處分，包含他們對其他女性隊員的騷擾行為。

在這些處分下達之際，我遭受的侵害已被認定為公務引發的性暴力，符合公務員職業災害的條件，因此將檢討提供療養補償等措施。此外，儘管我是在擔任「一等兵」時被認定為「自願離職」，但現在則視為晉升至「上等兵」後才離職。

就在處分公布的數小時前，各大媒體要求我發表評論。雖然我在發表前一天就接到自衛隊方面的通知，得知即將有處分下達，但直到正式公布前，我都對具體處分的程度一無所知。

碰巧當時我正在討論是否提出民事訴訟，也準備於日本外國記者協會舉行記者會。當海外媒體得知此案後，不知會作何反應，我想向全世界發出呼籲。因爲剛好是這個時間點，我決定先好好思考，將心情整理好後，再於四天後十二月十九日召開記者會，就自衛隊的處分發表評論。

自衛隊會改變嗎

在日本外國記者協會舉行記者會當天，來的記者幾乎都是日本媒體。或許是因為臨近聖誕節，海外媒體幾乎沒有出席。另一方面，一直持續採訪此事的熟面孔記者也趕來了，讓我稍微鬆一口氣。

在記者會上，關於記者希望我評論自衛隊處分一事，我回應如下：

「如果我沒有公開自己的真容和姓名在媒體上指控，引發社會關注，我認為組織不會對加害者進行免職懲戒這麼嚴厲的處分，在那以前，事實會被掩蓋，男性隊員會若無其事繼續對其他女性隊員做出相同行為。實際上，我也聽聞類似的消息。在我曾經隸屬的部隊中，性騷擾彷彿成為溝通的方式之一，大家對此麻木不仁，所以我認為這次的處分是正當的。不過，當時在場目睹的多名男性隊員並未受到任何處分，我認為這部分過於寬容。我希望自衛隊能透過嚴格處分騷擾問題，徹底杜絕此事，不要讓人覺得是因為社會關注，才使處分變得比較嚴厲。」

接著我說明了主題，也就是目前的情況進展到什麼階段。我透露加害者方面的代理人曾發來一封文件說：「是否應承擔個人責任仍然存疑。」對此，我也透過代理人再次提出質問，詢問他們如何看待加害行為以及如何承擔責任。

在記者會的問答環節中，TBS的男記者問我：

「妳認為這次防衛省的處分能讓自衛隊改變嗎？」

我誠實表達自己對自衛隊的期望：

「世人或許會說，無論有沒有改變都只是表象，但我相信自衛隊會改變。如果我不相信這一點，那麼這次的指控就失去了意義。我之所以選擇揭發，是希望不再有任何人像我一樣受害。因此，我希望自衛隊一定要改變。」

記者會結束後，我方寄給加害方代理人的質問信件，過了一個月依然沒有收到回覆。基於不回答這種不誠實的態度，我決定不再和解，而是進行訴訟。

二〇二三年一月三十日，我向橫濱地方法院提起要求損害賠償的民事訴訟，對象為涉及加害行為的五名前隊員（A、B、C、D、F）及國家。針對前隊員，我要求他們就性暴力所造成的精神痛苦，共同賠償五百五十萬日圓。他們的雇主自衛隊（即國家）違反對工作環境的照顧義務，怠於迅速查證與處置，因此我也向其索賠兩百萬日圓。如果我針對前隊員的請求未獲法官認可，那麼我將向國家索賠共七百五十萬日元。

同日，我在日本記者俱樂部中舉行記者會，解釋這次訴訟。關於此次訴訟，一名從未見過面的議員在推特上寫道：「我與妳共進退。」然後被廣泛轉發。但這場訴訟與任何黨派的議員無關，完全是我與律師討論後所作的決定。這再次引發，我似乎與某些政治家勾結的一些惡意揣測，我因此吃什麼吐什麼，身體無法接受任何食物，也無法出門或與人見面。

就在此時發生了一件事。

三個月前，我上了一個女同性戀情侶的YouTube頻道「LBIAN TV」，分享我的受害經歷。錄製結束後，演出者U帶我去新宿二丁目散心，那是我第一次去新宿二丁目。在那裡，我遇到了朋友杏和Toshi。隨後，我們三人一起去吃飯，杏把我的名字五之井（Gonoi）稱呼為：

「Gonopi，蓬鬆柔軟。」

這讓我的心情瞬間輕鬆起來。自從在媒體前露臉後，我一直以受害者的身分訴說這些經歷，完全失去自我，甚至忘記自己以前是什麼樣的人。而杏他們讓我明白，輕鬆隨意也沒什麼不妥，做自己就好。

記者會後的誹謗和中傷讓我陷入低谷，杏和Toshi把我帶到富有自然美景的山梨縣河口湖。我們在能看到湖景的小木屋烤肉，並把焦糖爆米花的原料放入平底鍋，蓋上蓋子，等待那劈啪作響的聲音。焦糖的甜美香氣在空氣中瀰漫開來。

杏開玩笑說：「這香味就像迪士尼樂園。」我們在極為寒冷的戶外堅持了三十分鐘，等爆米花發出聲音，但一直沒有等到。當我們試著打開鍋蓋偷看時，才發現裡面的東西已經完全燒焦了。

「哇——！」

我久違地笑了出來，我上次這樣笑已經不知道是多久以前了。

當我們準備進入小木屋取暖時，「砰！」一枚巨大的煙火升空，在冬天澄澈的夜空中閃爍。

之後，我為了靜養回到故鄉宮城縣。在三一一大地震後的第十二年，我參觀因海嘯而造成七十四名兒童和十位教職員死亡的大川小學（石巻市），並與受難孩童的家屬一起走過那訴說慘狀的校舍。這天，我為原本想活下來、應該被拯救的生命祈禱。

為了這本書的籌備會議，我回到神奈川。關東已經完全迎來春天的氣息，櫻花開始綻放。前往出版社的當天早晨，律師打來電話：

「今天檢察官通知我，將對三人提出不羈押起訴。」

我立刻告知在宮城的母親。

「還好沒有放棄啊！」

「嗯！漫漫長路……。」

「一年前不是有個大地震嗎？當時妳的樣子，我從來沒見過。沒想到那時妳差點要自殺……。」

「活著真是太好了。」

三月十七日，福島地方法院對三名前陸上自衛官，以強制猥褻罪提起不羈押起訴。根據《福島民報》的報導，福島地方法院的次席檢察官保木本正樹表示：「我們在個別案件中會考慮一些因素作出謹慎的判斷，如公益上的需要、對相關人士名譽隱私的影響等，所以關於此不羈押案件，我們不會公開被告的姓名。」因此，這三人的真實姓名沒有被公開。

我又有了新的起跑線，從審判開始到做出判決結果，可能會很花時間，而且也不知道會有什麼樣的結果。

但我已決心戰鬥下去。

只要我還在戰鬥，我就必須一直扮演「性犯罪受害者」的角色，但我討厭被固定在受害者就該這樣的框架裡。相反的，我想要強健且堂堂正正活下去，打破「受害者不能笑」的既定觀念。

因為被害者內心也蘊藏強大的力量，我希望能一步一步向前邁進，永不停下自己的腳步。

後記

自從我以公開姓名和長相的方式揭發事件後，就一直遭受著各種語言攻擊，像是「沒有證據」、「說謊」、「別玷汙自衛隊」、「醜女」等。即使如此，我仍然相信自己「沒有說謊」。

我的心曾經無數次被擊垮，有無法入睡的夜晚，有身體虛弱而無法下床的日子，也有無法控制情緒而對他人亂發脾氣，進而深陷自我厭惡痛苦中的日子。我也有對無數次聽到他人對我說，受害者一個人沒戰鬥的辦法，「妳應該聘請律師、妳必須聘請律師」而感到厭煩的日子。

即使多次被打倒，我也能重新站起來，這不是因為我堅強。這是因為有來自社會輿論的支持，我才能不迷失「道歉」這個目標並繼續奮鬥。自從我發聲以來，有為我連署的約十一萬人、透過SNS傳遞共鳴與鼓勵的人，還有在我身邊誠摯陪伴我的人，再多感謝也不足以表達我的心意。我想藉這個版面，由衷感謝支持我的人。

我發聲的理由很明確。我有兩個理由。首先第一個理由，是我要做出加害行為的人承認事實，理解事件的嚴重性，並要求他們向我道歉。第二個理由，是為了防止這類事件再度發生，我不希望現役隊員或未來入伍的新隊員承受我這樣的痛苦。

在特別防衛監察的政策下，防衛省在二〇二二年九月十三日起，至同年十一月底，針對騷擾事件實施現況調查，並於十二月十五日公布調查結果。結果顯示，透過隊員（包含前隊員）的申訴制度，總共收到一千四百一十四件申訴。

當看到1414這個數字時，我直覺感到疑惑，這數字是不是太少了？這數字只不過是冰山一角。由於申訴制度必須詳細填寫被害內容，所以想發聲卻無法發聲的人還有很多。

至少，從我揭發事情以來，有許多隊員向我表達「害怕暴露」、「因為上司的壓力無法說出口」等心聲，也有在休職期間自殺的隊員家屬與我聯繫。不論男女，還有許多被埋沒的聲音。

這次的特別防衛監察，只是單純掌握案件數量，這是沒有意義的。在自衛隊這個封閉的階級社會中，即使受害者發聲，也會有意識薄弱的長官認為「這沒什麼大不了」而不會認真對待。即便有時假裝聽取意見，也會以訓練優先為由，拖延處理。

在我的情況中，身為受害者的我被迫辭職，而涉及加害行為的五人則被處以免職的懲戒處分。由於自衛隊對騷擾行為的漠視，結果就是包括我在內，共有六名隊員失去工作。我希望自衛隊組織能更重視這件事，如果自衛隊無法建立起防止騷擾發生的環境，就不應該再招募新隊員。

在招募新隊員之前，應該更重視現有的隊員。我希望自衛隊能保護並幫助受害的隊員，使他們不用被逼到辭職。我也希望自衛隊能培養出馬上注意到騷擾行為並視為問題的長官，提高長官的意識，防止騷擾行為發生。而且，要在絕對不該發生騷擾行為的認知上，透過嚴格的處罰來預防再次發生。

精神上被逼到絕境而休職或辭職的隊員，在復職或尋找下一份工作時，會面臨極其困難的處境。包括心理輔導和就業安置在內，幫助不得不辭職的隊員，是自衛隊應該承擔的責任。我希望自衛隊能透過自身的改善，做出適當處理，讓受害者本人及其家屬不必再痛苦決定是否要揭發問題。

此外，在公布騷擾申訴案共有一千四百一十四件的同一天，為防止再度發生騷擾問題，防衛省首次舉行專家會議商討治本對策。但是，出席專家會議的人都是些根本不了解自衛隊內情的人士。

在「山訓」中，女性隊員和男性隊員的帳篷緊挨在一起，只要想偷窺就可以輕易做到，女性隊員無法安心度過訓練，而且當男性隊員在狹窄的帳篷裡飲酒至失控時，為數不多的女性隊員往往被當作發洩性欲的對象，這種實際情況他們如何能真正了解？

以目前的情況來看，除非設置監視器，否則女性隊員沒有保障自己人身安全的其他方式。要如何採取對策，才能讓女性隊員安心執行任務呢？我根本無法想像在完全排除當事人的情況下，這樣的討論會有什麼成果。我在議員會館與防衛省的意見交流會上分享過我的親身經歷，並表示我希望能為專家會議提供協助。然而，沒有人邀請我參加初次會議。沒有任何一個了解實情的人參與的「專家會議」，究竟是為了什麼目的而設立的？或許特別防衛監察只是一場表演而已。希望防衛省能賦予會議意義，不要讓人有作秀的想法。

我不憎恨自衛隊。東日本大震災時我是受災戶，海嘯沖走了我珍愛的事物，讓我失去很多。當我在東松島的避難所裡悲傷度日時，是自衛隊趕來支援救災。彼時，餘震和其他二次災害仍令人擔憂，受災者們充滿不安，正處於絕望的深淵。

就在這時，一名從北海道派遣來的女性自衛官，對當時還是小學生的我溫柔地說話，鼓勵了我。我至今仍清楚記得，她為了受災者們汗流浹背、拚命工作的樣子。自衛隊拯救了我，我無法憎恨他們。但是，我經歷的悲劇絕不能再次發生，我只是想預防這一點。我希望自衛隊在成為救助國民的存在以前，能先成為保護自己成員的強大組織。正因如此，我才會強烈期望自衛隊改變。

自從揭發以來，自衛隊員透過SNS私訊和我討論受害經歷，另外我也收到許多諮詢，是來自一般社會的受害者。每當我看到這些內容，都會感到心痛。但是，我也無法單純對他們說：「我明白你的感受。」真正的痛苦，只有自己才能理解。他人既無法理解，也看不到心裡的創傷。正因為我明白這點，所以無法輕易給予回應。

或許我的經歷不能給予太大的幫助，但如果這能成為受害者前進的指引，我會感到欣慰。我希望不只在自衛隊，在一般社會中，受害者也能得到保護。出於這樣的願望，我決定把這些事作為記錄書寫下來。即使到現在，我仍然會因創傷的回憶重現而感到痛苦，我不希望其他遭受過類似傷害的人也經歷這種重現，所以我在書裡加上了警示，讓讀者可以跳過這些部分。

我以公開姓名和長相的手段進行發聲，但我不認為這就是正確的做法。世上絕大部分的人無法發聲，而發聲所要付出的代價也非常大。雖然我不後悔揭發此事，但即使是燃起熊熊鬥志，堅決不原諒加害者的我，也因為發聲而失去許多事物，承受很多痛苦。即便引發社會關注，我曾經描繪的平靜生活再也回不來了，有時我甚至覺得，我在親手扼殺我自己，我不知道未來要怎麼活下去。我真的希望這個世界能變成一個不需要發聲的社會。

我想以真實的自己活著，而不是以性犯罪受害者的身分。我本來是個愛笑、也愛開玩笑的人，喜歡挑戰各種有趣的事讓人開心。我希望製造一種風氣，透過展示自己自然的生活狀態，讓下一位經歷類似傷害的人明白，即使發聲也沒問題，而且也可以真實做自己。

最後的最後，謝謝您讓我能堅強地走下去，媽媽。

取材結束後

岩下明日香

二〇二三年，新年過後的週末。從神奈川縣橫濱市的青葉台車站出發，穿過厚木街道的高架橋後，小見川道場便映入眼簾。當接近道場時，孩子們的聲音隱約傳來，道場入口的樓梯上，一名剛結束柔道訓練的幼兒園女孩，穿著白色的柔道服，正攀爬扶手並緊緊抱住不放。

「妳好！」她的問候充滿朝氣，看起來非常頑皮但又禮貌得體。還沒進入道場，我就不禁挺直了背脊。

這時，穿著藍色柔道服的五之井里奈走了出來。

「妳好，請進吧！」

剛從道場的玄關踏進一步，就看到一整片鋪滿明亮黃色和綠色柔道墊的空間。此時幼兒園生的訓練剛結束，正要換到小學生的訓練時間。這班的小學生，從低年級到高年級約二十位孩子，體型差異非常大。一名體格健壯的男孩正比手畫腳教導自己剛入門的妹妹如何動作，他一邊說「沒問題的」、「加油」，一邊不斷幫妹妹繫好鬆開的腰帶，鼓勵她進行訓練。對五之井而言，道場是個特別的地方。

「雖然遭受嚴重的誹謗中傷，讓我內心受創，但與道場的孩子們一起訓練是我唯一的樂趣，也是心靈的支柱。無論多麼艱難的時候，來到道場時，孩子們、家長們以及小見川老師都會溫暖迎接我。」

小孩子一個接一個抓住五之井的衣領，不斷將她摔倒在地。每次摔倒時，她就會使用護身倒法，讓手臂「啪」打在柔道墊上，響起清脆的聲音。她似乎是在幫這些小孩建立「即使對手再大也能摔倒對方」的自信。

小見川道場的代表，小見川道大走到正在道場角落旁觀的我身邊，點頭說道：

「五之井很擅長被摔。」

「柔道與其他格鬥技不同之處在於，比起攻擊，如果不先學會防守就無法獲勝。雖然總是被摔可能不太有趣，但要學會護身倒法保護自己，否則柔道就無法變強。」

說完後，小見川代表回到孩子們的訓練中，並大聲喊道：

「不要總是和容易對付的人組隊！那邊，你們應該和其他人練！只和容易對付的人對練是無法變強的！」

小學生的訓練結束後，就輪到了成人組，五之井的眼神變了。在進行自由對練時，五之井銳利的目光，彷彿能捕捉到對手的每個動作，甚至是呼吸的節奏。當五之井抓住對手的破綻，使用寢技鎖住對手的身體並壓制他時，對手的臉漲得通紅，試圖掙扎擺脫控制。但最終他無法掙脫五之井的絞技，只能用手拍打墊子表示「認輸」。兩人都氣喘吁吁，這是在拚輸贏的認真比賽。

「只有穿上柔道服時，我什麼都不怕。當我全心投入柔道時，甚至可以忘記那場事件。」

不穿柔道服時，五之井只是個普通的二十三歲女生。中學三年級時，她的一隻耳朵腫了起來，變成像餃子一樣的形狀（耳廓血腫），到了高中一年級時，另一隻耳朵也腫了起來。五之井指著她的耳朵說：

「這個，在一開始還沒凝固的時候是軟的。等血凝固就不會痛了，但在凝固之前真的非常痛。」

五之井透過YouTube影片揭露自衛隊內性暴力事件的六天後，我第一次與她見面。當時，我是一名受雇於網絡媒體的記者，我沒有向她保證是否能將此事寫成報導。我們約在福島縣的郡山車站見面，五之井戴著鴨舌帽，帽檐壓得很低，還戴著墨鏡，出現在新幹線的剪票口。由於郡山車站距離郡山駐屯地只有約六公里，平時常有隊員在車站周邊徘徊，所以她顯得十分警戒。我後來才得知，五之井的勤務地點正是郡山駐屯地。

由於是談論受害詳情，我們不方便在咖啡廳交談，我們走進車站前掛著紅色招牌的卡拉OK店。受新冠疫情影響，這裡的包廂被改裝為遠距上班的工作間。我原以為包廂的隔音效果良好，不料上班族從白天就開始高歌，聲音不斷傳入耳中，我們只好在嘈雜的環境中進行這段敏感的對話。即便如此，當我傾聽五之井的話語時，有一句話的內容讓我猛然驚醒。

「光是用技術制服對方，把人壓倒在地，怎麼可能會引來笑聲呢？」

這是唯有受害者才能看到的視角。當初，沒有目擊證詞，沒有物證，唯一的證據僅是受害者的證詞。儘管如此，在受害者的敘述中，依然浮現出一些微弱卻確鑿的細節，能夠證實她的證言。

以這個視角為起點，我開始探索其他可能成為證據的線索，仔細聆聽五之井的敘述。以此為基礎撰寫的報導，也成為我與五之井交往的開端。

大約在她揭發事件的一個月後，五之井受到大量的誹謗中傷，健康狀況變差，正處於最艱難的時期。

那時，我收到她的訊息：「岩下女士，我有東西想給您」、「啊！還來不及用好，下次再給您吧！」究竟是什麼需要這麼慎重準備？

我抱著些微的期待收到的是一封親筆長信。信上每個字都寫得非常用力，內容是這樣的：

「萬一我不幸去世，也請您幫我寫下來。」

在這瞬間我下定決心，絕不能讓眼前微弱的燭火熄滅。我感謝她願意向我傾訴這段痛苦的經歷，也感謝她為這本書所付出的努力。

在五之井決定抗爭後，她開始收集能自保的錄音紀錄、電子郵件紀錄以及備忘錄等，在這些基礎資料上，我透過採訪她，逐步建構事實關係後編寫成這本書。至於受害經歷的描寫，則是基於特別防衛監察實施後，進行調查時所撰寫的「申訴書」和訴狀。儘管在未來的民事訴訟中，原告和被告雙方的證詞可能會引發事實關係的爭議，但五之井希望「將所有的事實揭露出來」。

這位原本默默無聞的女性，五之井里奈，她勇敢發聲的形象，未來將從各種角度被探討，並成為推動社會進步的重要案例吧！

這裡想稍微提一下自衛隊中的女性。

在日本，自一九五四年自衛隊成立以來，女性最初僅限於護理領域。然而，自一九六七年起，自衛隊擴大了採用女性的領域，如補給、人事、總務、會計、通信等。一九六八年，自衛隊推出「婦人自衛官制度」（WAC），積極推動女性參與。一九七二年，《男女雇用機會均等法》的實施，也助長自衛隊中的女性職業領域不斷擴展。二〇〇三年，「婦人自衛官」的名稱更改為「女性自衛官」。

陸上自衛隊的女性自衛官至今仍自稱為「WAC」。這是因為日本自衛隊在推動女性參與政策時，模仿了美國陸軍女性部隊（WAC，Women's Army Corps）。

由於A代表Army（軍隊），因此女性自衛官就是女性士兵。海上自衛隊的女性自衛官稱為「WAVE」（Women Accepted for Volunteer Emergency Service），航空自衛隊的女性自衛官則稱為「WAFF」（Women in the Air Force）。

研究海外女性士兵以及日本自衛隊女性隊員的社會學者佐藤文香，在其著作《女性士兵這個難題——從性別角度審視戰爭與軍隊的社會學》（慶應義塾大學出版會）中，簡明扼要指出自衛隊對女性參與需求增長的原因。

二〇二二年二月底俄羅斯突然入侵烏克蘭，烏克蘭女性士兵站出來保家衛國，也引起社會對她們形象的關注。烏克蘭軍隊中約有三萬名女性士兵，佔總兵力的十五．六%。在和平與安全保障領域，性別主流化已成為不可逆轉的國際潮流。日本在二〇一五年也制定「女性、和平與安全保障行動計畫」，強調要進一步任用女性自衛官。防衛省於二〇一七公布女性自衛官活躍推進案，在少子化導致徵兵困難的背景下，增加女性自衛官的採用，進一步擴展其職責領域。

根據令和四年（二〇二二年）版的《防衛白書》顯示，截至二〇二二年三月，女性自衛官約有一萬九千人，占整體約八．三％。相比二〇一二年約五．四％，這十年來女性自衛官的數量有所增加。此外，關於招聘方面，自二〇二一年起，防衛省設定女性錄取率要超過百分之十七的目標，並計畫到二〇三〇年，女性自衛官占全體自衛官的比例要達到百分之十二以上。

女性自衛官的職業範圍，曾因為母性保護及隱私保護而有所限制，然而自二〇一五年起，航空自衛隊開放女性擔任戰鬥機和偵察機的飛行員。二〇一六年，海上自衛隊開放女性參與飛彈快艇和掃雷艦的工作。二〇一八年，防衛省取消所有自衛官的性別配置限制，於是在二〇二〇年，誕生了女性潛艦員。陸上自衛隊也在二〇一七年開放相當於「步兵」部隊及坦克中隊的職位給女性，如偵察隊和普通科中隊。五之井於二〇二〇年被分配到郡山駐屯地的野戰特科，該單位自二〇一八年起才開始配置女性隊員。也就是說，女性進入這些職業領域的時間還沒很久。

在美國，自一九九〇年代起，軍隊內的性暴力事件開始浮現。國防部於二〇〇五年設立性暴力防止與對策局（DoD SAPRO，Department of Defense Sexual Assault Prevention and Response Office），該辦公室致力於申訴性侵害事件、為受害者提供救濟、監督預防犯罪及匯編年度報告。

根據二〇二二年度（二〇二二年九月向國會提交）的報告，八．四％的現役女性士兵和一．五％的現役男性士兵，都曾遭受過非合意的性接觸，共有八千八百六十六起性暴力的申訴案件，較上一年度的七千八百一十六起增加了一千零五十起（增幅為百分之十三）。八千八百六十六起申訴案件中，有七千兩百六十件由現役軍人申告。

基於軍事犯罪調查機構的獨立調查和受害者的意願，該辦公室對兩千六百八十三個案件實施懲戒處分，但其中一千兩百六十三件因證據不足而未被起訴。儘管申告的案件數量龐大，但報告指出，性暴力的嚴重程度往往被低估，且仍有許多案件未被申告。

報告還指出，受害者不申告的原因包括「想要忘記並繼續前進」、「不希望別人知道」、「害怕捲入麻煩」以及「擔心被貼上『問題製造者』的標籤」。因此在日本，也應考慮設立獨立調查和負責監督的機構，尋求具體的預防政策。

在本書寫作初期，剛好有個偶然的發現。有一次，我給五之井看了一張數位照片。這張照片是我在宮城縣拍攝的，我希望能成為線索，幫助她回憶東日本大地震時的情景。照片只顯示了瓦礫遍地的平原，看不出具體地點。當我給她看這張照片時，我才注意到照片的數位紀錄顯示為「二〇一一年四月十一日，東松島」。

我們面面相覷，感到非常驚訝。震災後，我當時還是學生，曾在宮城縣的避難所奔走，當志工調查員，了解物資和救災的需求。我記得自己走訪了七濱、石卷和多賀城等地，但不記得去過東松島。那時名稱相近的松島因受災嚴重無法進入，可能是這個原因，所以我將東松島與松島混淆了，以為自己也沒去過東松島。我那時為徹底調查各大避難所到處奔走，搞不好我有和當時還是小學生的五之井少女擦肩而過。

誰能想到，我們會在十一年後的二〇二二年像這樣相遇。雖然純屬偶然，但看到克服那樣慘狀的孩子，經過時間的洗鍊，如今成長為如此堅強的人，讓我不禁體會到人類的可貴。

五之井時不時會說「耳鳴很嚴重」，然後陷入沉默。她說，有時耳朵裡會響起「嗡嗡」的聲音，吵得她無法入睡。不知道這是訓練造成的後遺症，還是性暴力留下的創傷，又或是自她公開受害經歷後，因受到「妳在說謊吧」的否定，而引發的二次傷害（即「二次強暴」）的影響。隨著時間的推移，她可能會逐漸恢復，但如五之井所說：「心靈的傷痕是一輩子的。」她在公務中所遭受的身心創傷，深深烙印在她的記憶和神經中。對當事人來說，揭開這些傷口，將痛苦展示給他人看，是一件非常艱辛的事。因此，我希望大家不要對這些傷痕視而不見或只當一個旁觀者，而是能以善良的心態，面對當事人所承受的傷痛，並思考如何防止下一個受害者出現。

資料：自衛隊內部騷擾經驗問卷調查．最終報告

召集人：五之井里奈
實施與分析協助：Change.org

調查實施概要

自從五之井在網路上揭露事件後，大量的受害經歷湧進她的Twitter帳號私訊中尋求諮詢。根據Change.org的提議，在保護個人隱私的條件下，經五之井同意，透過網路實施一項問卷調查。問卷調查參考厚生勞動省「職場騷擾的相關實況調查」，問卷內容及Google表單由Change.org的工作人員製作，並由五之井透過社群媒體宣傳，呼籲大家參與。

作答期間　2022年7月21日（四）10:30～8月30日（二）0:00
總作答數　188件
（前）自衛隊員在自衛隊內遭受騷擾經驗的作答數　146件
※重複作答、非自衛隊員被自衛隊員騷擾、在自衛隊職場以外遭受騷擾等情況不計入內。

年齡

10～20歲	1位
20～30歲	58位
30～40歲	46位
40～50歲	29位
50～60歲	10位
60歲以上	2位

遭遇騷擾時的隸屬單位

陸上自衛隊	101位
海上自衛隊	15位
航空自衛隊	17位
陸上及海上	1位
防衛大學	3位
防衛省事務官	2位
防衛局	1位
不明	6位

性別

女性	82位
男性	58位
未作答	6位

詳細的調查內容與分析，可掃右側QR碼閱覽。

自衛隊內部騷擾經驗問卷調查（年齡／性別／隸屬部門）

為保護個人隱私，已編輯部分內容

女性篇

我被故意安排在男性隊員面前做伏地挺身，而且襯衫的領口要敞開。女性隊員的X光照片會被拿來給大家傳閱（乳房的形狀、乳頭等清晰可見）。在飲酒會上被觸碰身體，還被迫透過衣服親吻男性隊員的私處。（四十多歲／女性／陸上自衛隊）

我在七年前離職，二〇一六年左右遇到權勢騷擾。當時我和同職場的丈夫結婚，職場卻以我剛升陸軍士官為由，不允許我們結婚，甚至連結婚的日期都由他們決定。後來我懷孕了，職場卻認為太早了，不准我離開營地。懷孕後，我的孕吐很嚴重，醫生叫我停止工作。那時我的勤務是輪班制，結果職場要我的丈夫輪替我的勤務，讓他來承擔我的工作。（二十多歲／女性／陸上自衛隊）

在宴會上，前輩隊員要我參加野球拳（脫衣猜拳）。最開始說即使輸了也不用脫衣服，但當我拒絕參加時，對方說：「真掃興，都是妳的錯。」氣氛變得很糟糕，我想說不用脫衣服的話就參加吧！可是當我輸了之後，對方卻說：「妳不知道野球拳的規則嗎？」並強迫我脫衣服。我拒絕後，被對方打了一巴掌。（三十多歲／女性／陸上自衛隊）

當我是一等兵時，我與同部隊的同期隊員開始交往。之後，大一期的前輩或部分長官經常帶著奸笑問我們週末去哪裡、做了什麼、是否有過性行為等問題。當我向上司求助後，他們不再問我這些問題，卻依然詢問我的交往對象或被當作話題，感覺他們並沒有得到教訓。（二十多歲／女性／陸上自衛隊）

在上班時間，我在接待外來訪客櫃檯的休息室中。一位年長的男性隊員坐在我旁邊的椅子上，並在我休息時觸碰我的大腿，還對我說：「遇到這種事時，要好好拒絕喔！」讓我覺得很噁心。（略）女性更衣室是儲藏室，廁所和男性共用。雖然女性自衛官的工作環境有一點一滴在改善，但依然是很強勢的父權社會。（二十多歲／女性／航空自衛隊）

日常生活中，我常被兩位前輩語言騷擾：「瘦巴巴的！」、「貧乳」、「我可以想像妳裸體的樣子，但無法想像□（女性後輩）裸體的樣子，真有興趣」、「最近什麼時候做過了？」、「昨天做過了嗎」（因為當時我和同小隊的前輩交往中）、「這傢伙的雞雞很大，妳試試看嘛」、「妳可以直接在這裡換衣服」等等。周圍的人雖然會說「這可是性騷擾哦」、「被告的話你肯定輸」，但他們也只是笑著說，並未認真看待。（二十多歲／女性／航空自衛隊）

自從四年前分配到這個單位開始，一直到我被迫離職為止，我一直被帶到別的房間遭受權勢騷擾。當我懷孕後，開始遭受懷孕歧視。辦公室內有人大聲地、不停地質問我：「為什麼不避孕？為什麼現在懷孕？」而且這些騷擾全來自於同性。（二十多歲／女性／陸上自衛隊）

在□駐屯地執行警衛勤務、下班和午休時，營內班長□下士及連隊本部□下士，都

會對我進行單方面的指導、人格否定及辱罵，最後因無法忍受這些指導導致過度換氣而昏倒。之後，我的父母接到小隊長（排長）的電話，對方表示：「這不是過度指導，是因為妳們女兒精神太脆弱，是她的問題。」我雖然合格成為陸曹候補生，想作為一名陸軍努力工作，但因為這些事情可能會繼續發生，我最後選擇了離職。
（二十多歲／女性／陸上自衛隊）

在我剛入伍時，有一次出差，我和另一個中隊四十歲左右的幹部一起工作。因工作需要交換了LINE聯絡，但對方經常發來：「妳會自慰嗎？妳有男朋友嗎？還是處女嗎？」之類的訊息。雖然感到很噁心，但怕氣氛變得尷尬，我選擇無視。那之後過了好多年，他依然會一直發這類的LINE給我。（二十多歲／女性／陸上自衛隊）

因為胸部比較大，在新兵懇談會的表演中，我被同期故意安排表演不斷跳躍的動

作。在遠洋航行期間，我還被船員跟蹤騷擾。（二十多歲／女性／海上自衛隊）

比我稍高階的上等兵前輩或下士前輩會對我權勢騷擾，這已經成為日常，性騷擾也同樣是家常便飯。最讓我厭惡的是，在全體隊員面前，一位稍高階的男性前輩隊員大聲問我：「妳一定還是處女吧？」並逼問我直到我給出答案。（二十多歲／女性／海上自衛隊）

當我與前輩討論說我想參加ＰＫＯ（聯合國維和行動）時，前輩說：「像妳這樣（又矮又沒力氣的）只能去提供性服務，沒辦法參加（笑）。」可能為了緩和氣氛，他又說：「為了避免出錯，只能帶醜女去ＰＫＯ（笑）。」（四十多歲／女性／陸上自衛隊）

在山訓途中，雖然沒有被觸碰，但有人叫我去拿酒（當我離開座位時），結果我放在桌上的手機被人拿來拍攝男性的下體照片。我當時不知道，直到後來查看手機照片才發現，超級惡劣。上司們還會強迫部下脫衣跳裸舞，我至今仍保留這段裸舞影片，雖然想刪掉，但也想著未來可能會有像現在這樣的時刻，到時這段影片會有幫助，因此一直保留。（二十多歲／女性／陸上自衛隊）

我是一名隸屬於大臣的部隊幹部，從二〇二一年八月到現在，我一直遭受直屬部下的性騷擾，後來發展成精神騷擾。我向部隊長及其他上司反映，但他們隱瞞騷擾事實，甚至還要求我身為幹部要忍耐，不知為何將所有事件的責任推給我。後來事情進一步發展成由人事幹部散布我的負面謠言至其他部隊，成為權勢騷擾。現在我已經聯繫陸上幕僚監部的騷擾熱線，但尚未有進展。（三十多歲／女性／陸上自衛隊）

（略）此處就要提到自衛隊內部的制度問題。我聽說原則上每三年左右就會調職一次，但我遭受性騷擾的女性前輩A，只短暫調到另一個單位工作後，便又回到原先工作的崗位（也就是我任職的艦艇），聽說她在同一單位的工作年數已超過六年。由此可見，調職制度沒有實際功能，像她這樣的人並不能通過調職制度得到解脫，最終只得自己申請調職，這也成了我陷入困境的原因之一。（三十多歲／女性／海上自衛隊）

當我向防衛大學的指導官訴說我對任官的擔憂時，對方卻說：「自衛隊全是男人，任妳挑選，好好多找幾個男人，然後生個孩子吧！雖然女人沒什麼用，但妳會被捧在手心裡，所以還是先任官吧！」（二十多歲／女性／防衛大學）

在分配部隊後的宴會上，當我不想看到前輩全裸的樣子要離開時，卻被叫回來並訓

斥：「這是大家都經歷過的事，妳要忍耐。」（三十多歲／女性／陸上自衛隊）

十三年前，在□縣的□駐屯地裡，小隊長和前輩們經常在不是吸煙區的辦公室裡抽煙。即便知道我懷孕，他們還是若無其事地抽煙。當我向中隊的資深長官報告懷孕消息時（結婚半年後），他們把我叫到吸煙區，邊抽煙邊對我進行長時間的訓斥，還說了一些莫名其妙的話：「把妳老公叫來，讓他下跪道歉。」（三十多歲／女性／陸上自衛隊）

在□方面衛生隊接受後期教育時，我和班長進行了一對一的面談。班長問我在服用什麼藥，我告訴他，我因為經痛嚴重所以正在服用低劑量的避孕藥，他說：「吃避孕藥也別亂搞喔（笑）」或是「要做也可以，但別懷孕了（笑）」整個過程中他一直以開玩笑的語氣來談論我服用避孕藥一事，還不停追問我男友的事情，完全超出面

談的範疇。（二十多歲／女性／陸上自衛隊）

我入伍後第一個被分配到的部隊，經常出現「喝了就脫（全裸）」的行為。前輩WAC（女性自衛官）坐著的時候，男性隊員會直接把自己的下體放在她的頭上，並且開玩笑說：「丁髷！」（男性的半禿沖天辮髮型）。即使WAC生氣，上司們也只是笑著了事。當我看到這一幕時，我認清了「自衛隊真的是最低等的公務員」。（略）為了以防萬一，我工作時必須隨時準備好錄音，否則這些事件很容易在內部被搓掉。（三十多歲／女性／陸上自衛隊）

當時我是一等兵。二〇二〇年某天晚上，在演習場上，我說：「明天的訓練很早，我要回帳篷了。」結果男性主任隊員說：「抱一下再解散吧！」我問：「真的只是抱一下嗎？」他回答：「真的，我有妻子和孩子，我可是主任啊！」因為我一心只想回到帳篷，所以同意了擁抱，但他沒有止於擁抱，他突然很大力把我推倒，並對我強制性交。四天後，我在女性專用的帳篷裡睡覺時，那名男性隊員喝得爛醉，闖了進來。這之後，我向警務隊報告並接受了調查。然而，回到駐屯地後，該名男性隊員在部隊內散播了這件事情，導致我在中隊內遭到冷眼與嚴厲的對待。大約一個月後，我自願離職。不久後，我收到了一封企圖掩蓋事件的「請求書」，但在自衛官男性前輩的提醒下，我沒有簽字蓋章。後來那名男性隊員被處以免職的懲戒處分。

（二十多歲／女性／陸上自衛隊）

男性篇

我曾經在口旅團的本部管理中隊服役。我是一名男性，有一次在隊上的浴場內，一位男同志提出想與我發生關係。還有一次，我在浴場洗澡時，同一小隊的男性自衛官（當時是下士，現已退役）將他的下體貼在我身上。當時我無法拒絕，只能笑著敷衍過去，但現在回想起來，這真是不可思議的事情。自衛隊強調團隊合作，但絕對不能發生這樣的事，這也是我決定退役的原因之一。（二十多歲／男性／陸上自衛隊）

我的內衣曾經被偷，早上醒來時，衣服也曾被弄亂，甚至發現有體液遺留在上面。

我也多次目睹同期隊員被長官日常暴力對待。（四十多歲／男性／陸上自衛隊）

我曾在□縣，□連隊第□中隊的□小隊服役，大約是七年前的事情。對我進行騷擾的主要是兩名男性士官，分別是□中士和□下士。□中士對我的權勢騷擾，始於我未能完成應該做的工作，他就執拗地針對我。指導也就算了，但他的脾氣非常暴躁，還曾帶著幾名士官來威脅說要殺了我。至於□下士，他的權勢騷擾則非常陰險，會在沒有人看到的地方從後面推我，或者在小隊內嘲笑我的失敗，讓我被大家圍攻。（三十多歲／男性／陸上自衛隊）

由於我和妻子都是海上自衛隊士兵，所以妻子即使懷孕了，我們也無法搬出隊舍。妻子的孕吐很嚴重，無法按照隊舍的時間表行動。我們曾經詢問是否可以休息或搬出隊舍，但得到的回應是海軍基本上無法搬出隊舍。因此，考慮到肚子裡的孩子，我們決定退役，但在辦理退役手續的過程中，還被上司說我們「沒有常識」、「不要以為辭職後在外面的世界就能混得下去」，我們還經常被叫進房間訓斥。當我們聯

繫自衛隊諮詢熱線時，對方說：「基地內的事情和上司多溝通。」甚至還說：「反正你們都要退役了，就別再計較了。」這件事發生在十多年前。（三十多歲／男性／海上自衛隊）

在口的後期教育隊服役，有一次在清掃時，我請班長確認是否完成了清掃工作。他說：「如果有問題，我就讓你脫掉一件衣服。等衣服全脫完了，班上的人會把你的陰毛拔掉。」由於他指出的問題超過了衣服的件數，後來他們就實施了這件事。（二十多歲／男性／陸上自衛隊）

一名幹部在休息日突然打電話來，要求我去搭建帳篷。但當時我的妻子正在醫院急診，我還要照顧我們六個月大的孩子。然而，這名幹部卻在電話裡對我進行了恐嚇和人格侮辱，說：「你敢挑工作做，我不會再讓你有工作做。」等等。結果當我星

期一去上班時，我發現大多數人都有事沒去，我不禁疑惑為什麼只針對我。（三十多歲／男性／陸上自衛隊）

我從令和二年三月到令和四年三月，作為任期制隊員在口服役。我所在的是某作戰部隊的本部管理通信小隊（班），隊裡有接近十名女性隊員，但令人遺憾的是，她們經常遭遇性騷擾。有一次，女性隊員們在做維修等作業時，大家開始討論起一名男性陸軍官（下士）對她們性騷擾，結果變成揭露大會：「前幾天我們兩人在一起的時候，他揉了我的胸」、「他把手伸進了我的臀部」、「他一直在煩我問我穿什麼內衣」、「他約我這個週末去開房間」，聽得人頭暈目眩。之後，我向兩名同期的女性隊員建議「將此事報告給中隊長」，但她們說：「之前有位口上等兵（女性前輩）去報告過，結果引發了性騷擾調查，所有的WAC都受到了不好的影響。謝謝你的關心，但還是算了吧。」什麼都沒辦法做。後來我也向男性前輩和小隊陸官等上

級反映，但他們的反應都是擺爛：「那傢伙就是那樣。」事情最終沒有任何改變。（二十多歲／男性／陸上自衛隊）

在我作為任期制自衛官的第二年，一月左右，某日在非工作時間，我突然被叫去隊舍的一個房間裡。當我到達時，房間裡有一名下士，雖然他的軍階不是很高，但他很有影響力，還有另一名陸軍士官，他是隊裡發言權最大的人之一。他們對我進行了一場質詢，「你覺得自己在自衛官中處於什麼位置？」、「像你這樣的人還是辭職比較好」、「現在就決定，是要辭職還是繼續做？」我遭到了私人篩選。我只想儘早離開會做這種幼稚事情的地方，所以我最終決定退伍。（三十多歲／男性／陸上自衛隊）

問卷中收到的其他評論（部分摘錄）

我在自衛隊服役了五年，幸運的是幾乎沒遭遇涉及身體接觸的性騷擾，所以我讀到五之井小姐的經歷時，真的感到非常震驚。我剛到部隊時，一位女性前輩開車到離基地最近的車站接我。路途中，她一開口就笑著問我：「我們這裡性騷擾很多，妳沒問題吧？」當時我只有十八歲，對很多事不太懂，只能曖昧笑著敷衍過去。

確實，這是充滿性騷擾言論的職場，但當時兩位女性前輩，她們都很開朗、強勢，無論什麼樣的言論或行為，都能一笑置之。我雖然心裡想，難道她們真的不介意嗎？但職場的氣氛確實很融洽，我以為這就是正常的……。我也學著她們的樣子，努力將性騷擾當作玩笑來化解，裝作笑出來並藉此帶動氣氛，讓男性隊員喜歡我。事實上，我確實因此受到很多人喜愛，職場的人際關係也一直都很好。在維修作業中，大家都很認真工作，技術也很高，我對他們抱有很大的敬意。最終，我認為既然沒有實質的損害，那我就繼續傻笑帶動氣氛好了。然而，當其他小隊的一位女性後輩揭發性騷擾時，我聽到一位年齡相近的男性前輩抱怨：「她竟然跟上面告狀，害我被狠狠教訓了一頓。她連玩笑都聽不懂，真是歇斯底里。」那位後輩並沒有做錯什麼。我突然意識到，因為我和其他女性前輩都選擇笑著化解，這些人就以為可以這樣，我發現自己在不知不覺間，變成了與那些女性前輩同樣的角色，這讓我很受打擊。我開始厭惡自己，我也參與了打造「性騷擾沒差的環境」，甚至在女性後輩遭受相同的性騷擾時不再制止。我認為，如果有我這樣的前輩存在，會對後輩產生不良影響，於是我最終選擇辭職。辭職時，我完全沒有提到性騷擾，只以想追逐其他夢想為由推脫過去。因為我從未表現出厭惡的態度，我害怕被人說「妳怎麼現在才說呢……」。

退伍時，我後悔將關係良好的女性後輩留在那種環境，但兩年後，她們也相繼辭職了。我不知道現在那個職場變成了什麼樣子，但老實說，我不抱太大的期望。

我由衷支持五之井小姐，同時也感到抱歉。因為像我這樣的前輩，可能也一點一滴促成這種性騷擾環境。我多次想過，我加入自衛隊不是為了這些事；但另一方面，我也想過，既然我和大家相處融洽，那也沒必要辭職吧！不過現在，我仍覺得辭職是正確的選擇。雖然我尊敬並喜愛職場上的每個人，但性騷擾的時刻真的讓我無法忍受，在工作中一直抱持這種矛盾的心情真的很累。因為我最後是和平退伍，現在還和一些人保持聯繫，心情也變得平靜許多。我祈禱五之井小姐的心靈能早日得到安慰。我知道這是一場非常艱難的戰爭，看到 Twitter 上還有人在誹謗中傷和質疑，讓我感到非常不甘和難過。

雖然我沒有勇氣公開露面或使用真名，但我相信五之井小姐，我會在暗中全力支持。我認為，這對未來的自衛隊絕對是有意義的行動。請不要太勉強自己，我希望這個世界能讓堅持正義的人得到回報。雖然我遭遇的性騷擾不算什麼大事，無法幫上什麼忙，這讓我感到很心痛，但我真的由衷支持妳。（二十多歲／女性）

譯後記：希望世界能讓堅持正義的人得到回報

顏雪雪

衷心感謝每一位閱讀完這本書的讀者。這並不是一本容易且有趣的書籍，尤其對於女性來說，代入的痛感會過於深刻，因為作者的遭遇既「日常」又「不尋常」。這本書的日常來自於，大多數的女性在一般生活中，總能在職場上遇到各種「權勢騷擾」，而且通常我們也會像作者一樣，把拒絕騷擾視為「不會讀空氣」。女性從小受的人際關係教育教導著我們，為了團體的和諧，我們經常會讓許多在性邊緣試探的取笑，當成一般的玩笑話接受，彷彿沒有聽到或意識到。運氣好的時候，可能大家笑笑地，就真的過了；運氣不好的時候，玩笑就會持續升級成性騷擾，最後演變成性侵害或性暴力，就像作者的遭遇一樣。

更讓人傷心的是，作者還是個有「武力值」的女性，她拿過縣大賽的柔道冠軍；且她長相較為中性，還被網路酸民批評她就是個T又是醜女（潛台詞即為誰要性騷擾她）。這樣的一位「非主流刻板印象」的女性，仍然遭遇到了幾乎所有女性在當代社會都會遇到的事情：只因為她是個女人。

但這本書的不尋常，來自於反抗。其實這本書在絕大部分時間裡，都會讓旁觀者看得心裡很焦急。她遇到危機時的反應，真的就是一位生澀的、未知世故的新鮮人的摸索應對過程。從一開始的微笑隱忍，到中間因為經濟拮据選擇單打獨鬥，甚至到了最後關頭，她都還想著要原諒加害者，畢竟加害者也有家庭。

作者的法律常識也在最後才得到飛躍性的成長。由於是在性別觀念封閉的日本社會，本書的最後，才終於有資深記者和辯護律師提出、並指正政府官員，作者所遇到的已是「性暴力」而非「性騷擾」。這兩個詞彙，在法律意義和案件嚴重程度上，都是完全不同的意涵。作者的告訴內容與紀錄詞彙，也才從性騷擾變更為性暴力。作者連一開始要公布自衛隊的駐紮地點時，都因為害怕觸犯國安資訊法而不知道能不能公布，即使加害者所屬的「郡山駐屯地」是個連Google Map都找得到的地方。

畢竟事發時，作者才二十二歲。

但也或許，就是因為這年輕氣盛的勇氣吧！作者選擇了在網路社交媒體上「公開真實相貌和姓名」，揭露軍隊中可怕的性騷擾與性暴力日常，在日本，這是前所未有的舉動。作者頂著死亡威脅和網暴質疑聲浪，在日本掀起了一股令人驚訝的變革，超過十萬人連署請願，甚至上百人站出來訴說他們曾經在軍隊裡遭受過的性侵害與暴力。作者還自己總結出一套「被害者」如何應對媒體，讓大眾信服的心法，最終迫使日本防衛省祭出一系列制度，企圖改善軍中權勢騷擾的環境。

這也讓作者五之井里奈，成為二〇二三年，美國時代雜誌「全球次世代百大人物」中的一人；並於二〇二四年榮獲由美國國務院頒贈的「國際婦女勇氣獎」。

這個過程極為不容易，也因為她堅持揭露真相，才會讓本來「不起訴」的判決結果變成「起訴」，但這中間的社會與心理壓力可想而知，作者數度想放棄、想自殺，連作者的親戚都要她「不要再出來丟臉，好好過日子」。這本書非常樸實且平靜地用作者自身遭遇表達出，性暴力在許多層次上都與一般暴力不同，性暴力參雜了更多「對人格的侮辱」，以及「加強鞏固社會性的羞恥感」，這也是性侵害受害者更難以現身的主要原因。

不過，本書在日本出版時案件尚未終結，直到二〇二三年十二月，三位直接實施性暴力的前自衛隊成員，由福島地方法院判決強制猥褻罪成立，判處有期徒刑兩年，緩刑四年。三人沒有上訴，判決確定。

作者在X（https://x.com/judo_gonoi）表示：「賭上人生燃燒生命戰鬥，而這場戰役終於結束了。打從心底感謝日本與全世界支持的人。」並在媒體前表示真的鬆了一口氣。

五之井里奈的反抗，不僅是爲她自己帶來正義，更有意義的地方在於，她作為第一位站出來揭露軍隊「性騷擾是日常生活」的女性，讓更多人得到發聲的勇氣。這本書的附錄問卷資料，就是最好的例子，也讓我們能反省自己是否在沉默中，加劇了一個團體、或社會不平等的成形。另外，讀者在看了這本書，更加了解軍隊特殊的性別文化後，面對台灣社會一直在爭論的「女性當兵」議題，會有更廣泛的思考的面向吧！

如同本書後記的記載：日本於二〇二〇年才誕生第一位女性潛艦兵。包含臺灣在內，目前仍有許多國家的兵種都沒有女性、甚至不開放女兵名額。當然，該兵種單位沒有配置能保護女性生活隱私的環境是其中一個原因，但在軍隊兩性平權中走得較前面的美國，也才剛發生潛艦女兵被偷拍的性醜聞。且在這個世代，相信「女人不能碰船否則會遭致不幸」、「女人就是〇．五個男人」等俗諺，離我們也並不遙遠。

當作者揭露軍中性暴力日常時，也有軍人的女性家屬回應她：「如果屬實，那取消女性自衛官就好了。」但如果我們同意，性別不應該成為任何一個人傷害另一個人的理由，那就更不該是社會阻止一個人實現夢想的藉口，所以「直接消失」應該也不會是我們社會想要的解決方式。

願在各個領域裡奮鬥的女性，尤其是在男多女少環境裡的女性，都能被公平以對。女性不用因為怕被指責花瓶沒用，而要拚了命做到最好；男性也不用怕被說爛草莓、忍受不了挫折，所以連騷擾都隱忍下來。我相信，凡事做好份內之事就是個人的價值所在，希望每個性別、每個人都能遠離權勢騷擾，被生活溫柔以對。

國家圖書館出版品預行編目 (CIP) 資料

勇敢發聲：揭發日本自衛隊性暴力黑幕的戰鬥紀實／五之井里奈、岩下明日香 著；顏雪雪 譯 -- 初版. – 臺北市：游擊文化，2025.02
288 面；14.8×21 公分 – -（Misfits 書系 ；31）
譯自：声をあげて
ISBN 978-626-99174-4-0（平裝）

1.CST: 性騷擾 2.CST: 性犯罪 3.CST: 自衛隊 4.CST: 日本

548.544 113019694

Misfits 31

勇敢發聲：揭發日本自衛隊性暴力黑幕的戰鬥紀實

声をあげて

作　　者｜五之井里奈
採　　訪｜岩下明日香（共同作者）
譯　　者｜顏雪雪
責任編輯｜郭姵妤、沈志翰
封面設計｜柯俊仰
內文排版｜立全電腦印前排版有限公司
企劃行銷｜朱翊寧
印　　刷｜漢藝有限公司
初版一刷｜2025年2月
定　　價｜400元
I S B N｜978-626-99174-4-0

出 版 者｜游擊文化股份有限公司
電子信箱｜guerrilla.service@gmail.com
網　　址｜https://guepubtw.com
Facebook｜www.facebook.com/guerrillapublishing2014
Instagram｜@guerrilla296

本書如有破損、缺頁或裝訂錯誤，請聯繫總經銷。
總 經 銷｜前衛出版社＆草根出版公司
地　　址｜104臺北市中山區農安街153號4樓之3
電　　話｜02-25865708
傳　　真｜02-25863758